Ciutat i mercaderies

LOGÍSTICA URBANA

Ciutat i mercaderies

LOGÍSTICA URBANA

Institut Cerdà

Promogut i patrocinat per:

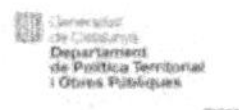

Amb la col·laboració de:

Col·lecció: BIBLIOTECA DE LOGÍSTICA

CIUTAT I MERCADERIES. LOGÍSTICA URBANA
1.ª edició, 2008

© 2008, Centrals i Infraestructures per a la Mobilitat i les Activitats Logístiques, SA (Cimalsa)
© d'aquesta edició, incloent el disseny de la coberta: ICG Marge, SL
Aquesta obra és el resultat d'un treball d'investigació redactat per l'Institut Cerdà

Institut ⬜ Cerdà

En l'edició d'aquesta obra han col·laborat:
Institut Cerdà
Cimalsa
Departament de Política Territorial i Obres Públiques de la Generalitat de Catalunya
Autoritat del Transport Metropolità
Pacte Industrial de la Regió Metropolitana de Barcelona
Diputació de Barcelona
Mercadona
Districenter

Edita
Marge Books
València, 558, àtic 2.ª
08026 Barcelona
Tel. +34-932 449 130
Fax +34-932 310 865
www.marge.es

Director editorial: David Soler
Producció editorial: Estela Serrano, Anna Palacios i Miquel Àngel Roig
Disseny editorial i màrqueting: Hèctor Soler i Laura Matos
Compaginació: Alfons Gràcia
Impressió: Book Print Digital, SA (L'Hospitalet de Llobregat, Barcelona)

ISBN: 978-84-92442-07-2
Dipòsit Legal: B.

Índex

Pròleg

Ciutat i mercaderies

Sovint no som conscients del conjunt de xarxes que conformen la ciutat contemporània. Xarxes intel·ligents que ordenen, controlen, distribueixen els fluxos principals que alimenten la vida urbana. Xarxes semafòriques, per exemple, xarxes de transport, xarxes de serveis d'aigua, de gas, d'electricitat, de telèfon; xarxes intel·ligents de coneixement, xarxes d'accés a les noves tecnologies. Elements invisibles d'una cadena que elabora les respostes complexes a les realitats complexes, la mobilitat entre d'altres.

La mobilitat urbana ha esdevingut un tema principal de l'agenda de totes les administracions públiques, que s'han concentrat sobretot en la garantia de la mobilitat de les persones.

Però menys evident que la mobilitat obligada de les persones, el moviment de les mercaderies esdevé una qüestió capital. Es configura com una resposta als problemes de distribució en tots els àmbits, des de la distribució comercial a majoristes, d'aquests al comerç minorista, i d'aquest sovint a domicili dels clients fins a la distribució de la premsa de matinada, a l'organització de tots els fluxos que es puguin imaginar en una multiplicitat de ressorts que és difícil de compendiar.

Pensar respostes i solucions a aquestes qüestions ha esdevingut objectiu clau de la logística, que es configura com una part de la indústria del segle XXI en el darrer esglaó de la producció i en la base de totes les cadenes de distribució.

Jerarquitzar les decisions, emmagatzemar de forma adequada, informatitzar la selecció dels productes, preparar-ne l'expedició sense errades, assegurar un sistema eficient i sostenible, configuren els trets essencials d'una qüestió transcendent. En depenen el futur dels sistemes urbans i esdevenen la garantia que sabrem adaptar-nos als reptes de la concentració demogràfica i als reptes del creixement i del consum.

El Govern de Catalunya propicia la reflexió sobre totes les qüestions que afecten el desenvolupament urbà i també la logística, arbitra les polítiques adequades per respondre als reptes apuntats, i crea els instruments per compaginar la reflexió de caràcter general i les solucions de caràcter pragmàtic al voltant dels temes debatuts.

Aquest llibre vol aproximar-nos a aquesta realitat, ens assenyala les qüestions més rellevants suscitades, ens assenyala, per comparació, els casos més significatius de solucions adoptades en moltes ciutats del món i ens proposa el nostre camí a recórrer.

Des de la Secretaria de Mobilitat i des de l'empresa pública Cimalsa, el Govern busca les solucions combinades a la mobilitat de les persones i de les mercaderies i les integra en la reflexió de conjunt sobre la nova realitat urbana que anem definint per tal de superar l'etapa d'un urbanisme dispers i consumptiu i per anar-nos situant en la lògica de la proporció entre el consum de sòl, el creixement urbà i demogràfic i la creació de riquesa i de xarxes de serveis.

JOAQUIM NADAL I FARRERAS
Conseller de Política Territorial i Obres Públiques

Introducció

1 Objectiu d'aquest llibre

Tradicionalment, el transport de mercaderies en l'àmbit urbà ha estat un segment de la mobilitat desconegut en gran mesura per part de les autoritats locals, que han centrat els seus esforços en la gestió de la mobilitat de persones (gestió del trànsit, millora del transport públic, conversió de zones amb prioritat per al vianant, etc.).

En els darrers anys, però, aquesta tendència s'ha invertit i s'han observat canvis destacables en el marc de la gestió de la logística urbana, on les administracions han pres consciència de la seva importància. Aquest interès s'ha traduït a la pràctica en el desenvolupament de nous instruments per a la gestió de la mobilitat que inc... la distribució urbana de mercaderies (cas de Catalunya: Llei de la Mobilitat, directrius nacionals de mobilitat, plans de mobilitat urbana, estudis de mobilitat generada, etc.).

La distribució urbana de mercaderies (DUM) s'ha convertit, doncs, en un important segment d'activitat que cal gestionar i que afecta, de forma transversal, tant l'administració (amb una creixent congestió en els àmbits urbans) com l'empresa privada (per la qual aquest aspecte representa una important part del seu cost logístic i del nivell de servei als clients). Per aquesta raó, és cada vegada més freqüent dur a terme accions de concertació que afavoreixen el treball conjunt d'aquests dos agents i la cerca de solucions que siguin beneficioses i perdurables per ambdues parts.

Davant el creixent interès que ha despertat la distribució urbana de mercaderies, aquest llibre es presenta com una eina de consulta i ajuda adreçada tant als agents públics com privats. Partint d'una anàlisi teòrica de què és i qui hi ha implicat en el sector de la distribució urbana de mercaderies, el llibre se centra essencialment en la recerca de casos pràctics d'àmbit internacional per tal d'identificar possibles sinèrgies que es puguin adoptar en altres municipis.

Tal com el nivell d'internacionalització dels casos pràctics suggereix, la logística urbana és un segment de la mobilitat que preocupa arreu. Per aquesta raó, el fet de compartir els resultats obtinguts en diferents experiències esdevé una bona forma d'optimitzar resultats i d'avançar cap al futur. De tota manera, cal tenir en compte que la gestió de la distribució urbana de mercaderies és complexa i no pot basar-se en solucions úniques o estàndards, sinó que ha de ser fruit de l'aplicació d'actuacions específiques per a cada cas particular.

2 Definició i agents implicats

La logística urbana és el graó de la cadena de transport de mercaderies que actua a l'interior de la ciutat. La seva principal raó de ser consisteix a donar un servei de proveïment i distribució, tant als establiments empresarials que s'hi ubiquen com al consumidor final.

Tot i la manca d'informació específica en el camp de la logística urbana, es pot establir una relació directament proporcional entre l'activitat econòmica, el volum de població. i el volum de logística urbana que es genera, de manera que a mesura que creix l'activitat econòmica i la població, augmenta la complexitat d'optimitzar el funcionament de la cadena de logística urbana. Cal destacar que l'operativa associada a l'activitat té un impacte tant sobre la mobilitat de la ciutat com sobre el cost global de la cadena logística per als operadors.

En el marc de la distribució urbana de mercaderies existeixen dues tipologies principals d'agents: els que ofereixen serveis logístics i els que en demanen o en requereixen.

Pel que fa als agents que ofereixen serveis logístics, s'han classificat en funció del tipus de producte o servei que proveeixen. En aquest grup trobem: els PEC (paqueteria, *express i courier),* els operadors logístics, els distribuïdors, els mateixos productors (que en alguns casos internalitzen l'activitat logística) i els establiments que realitzen autoproveïment de mercaderies.

En l'apartat de demanda de serveis logístics en àmbit urbà, trobem, en primer lloc, els establiments de caire comercial (canal horeco, distribució comercial organitzada i tradicional), els domicilis particulars i altres establiments empresarials de serveis o activitats industrials presents en el teixit urbà.

A banda d'aquests dos agents implicats directament en l'operativa, cal esmentar-ne un altre: l'administració, que és l'actor encarregat de la gestió de la distribució urbana de mercaderies a la ciutat. Tots tres, des de la diversitat de competències, tenen un interès comú: optimitzar els fluxos urbans de mercaderies.

3 Accions encarades a la millora de la logística urbana

Des d'un punt de vista global, el correcte funcionament i millora de la distribució urbana de mercaderies requereix treballar tant les accions de gestió com les d'infraestructura.

Pel que fa a les *accions de gestió,* destaquen en un primer bloc les que podríem denominar bàsiques, que engloben normativa, informació i seguiment:

- *Les accions normatives.* Com qualsevol activitat que es dugui a terme a la via pública, la distribució urbana de mercaderies ha de disposar d'una normativa que contribueixi a assegurar-ne amb un suport legal, la convivència amb la resta d'activitats que es desenvolupen en l'entramat urbà. Entren dins d'aquest apartat la confecció d'ordenances municipals i també la necessitat d'establir criteris de mobilitat dins el planejament urbanístic.
- *Les accions informatives.* Tant des del punt de vista del gestor municipal (per tal de transmetre el coneixement de la normativa als agents implicats) com des del punt de vista de l'operador (per tal d'incrementar l'eficiència de la seva operativa), la informació és un pilar fonamental si es vol aconseguir un correcte funcionament de la distribució urbana de mercaderies. Entren en aquest apartat accions com: la confecció de mapes de transport de mercaderies, la utilització de les tecnologies de la informació i l'ús d'elements de senyalització.
- *Les accions de seguiment.* Contribueixen a incrementar els nivells de compliment de la normativa. Es poden dur a terme tant amb l'aplicació de la disciplina viària com mitjançant la tecnologia (cas de les càmeres de control).

En el mateix apartat d'accions de gestió i amb un gran potencial de desenvolupament, cal considerar també:

- *Les accions de gestió de la capacitat:* tenen com a objectiu aprofitar millor la capacitat tant de la infraestructura viària d'accés a la ciutat com dels vehicles encarregats de transportar la mercaderia. Entre aquest tipus d'accions, es troben: les entregues en hores vall, les taxes a la circulació urbana, les regulacions o restriccions d'accessos i la millora de l'aprofitament de la capacitat del vehicle.
- *Les accions de sostenibilitat:* tenen com a objectiu compatibilitzar la mobilitat de mercaderies dins l'ambit urbà amb el vector ambiental. Entre les principals accions que ho fan possible, destaquen la introducció de vehicles amb menors emissions contaminants i d'efecte hivernacle, i de vehicles amb menor impacte acústic.
- Les *accions d'infraestructura:* tenen com a objectiu dotar la distribució urbana de mercaderies amb un espai adequat. Dins d'aquest apartat, trobem accions dirigides a millorar infraestructures actuals (zones de càrrega i descàrrega) i accions encarades a desenvolupar solucions que es troben en estats més incipients, com és el cas dels centres de consolidació urbana i les consignes.

Per assolir objectius ambiciosos en aquest àmbit cal que les tres parts implicades (oferta, demanda i administració) s'esforcin a realitzar accions que contribueixin a millorar les condicions de funcionament de la logística urbana. Només així es podrà aconseguir dibuixar un escenari futur on el nivell de satisfacció i, per tant, l'eficiència operativa de les diferents parts implicades siguin els òptims.

Ciutat i mercaderies

LOGÍSTICA URBANA

Part I

La logística urbana, visió teòrica

1 Introducció a la logística urbana

1.1 La mobilitat en els àmbits urbans

Les ciutats actuals són centres dinàmics on conflueixen un seguit d'activitats (comercials, logístiques i industrials) que diàriament han de conviure amb la residència dels seus habitants i l'arribada del turisme visitant. Aquesta circumstància fa que quotidianament hi coincideixin necessitats de mobilitat amb motivacions diverses que cal satisfer, per tal d'assegurar tant la competitivitat del teixit comercial i empresarial com la qualitat de vida dels habitants.

Històricament, la mobilitat a les ciutats va ser confiada als automòbils: es van dissenyar carrers i espais per a la seva lliure circulació i estacionament i, poc a poc, es va anar menystenint el vianant i, en gran mesura, el transport públic. Amb l'augment de la població de les últimes dècades s'ha anat incrementant el volum de desplaçaments, tant els referits a passatgers (major població i, en conseqüència, excessiu parc de vehicles) com a les mercaderies (major demanda de consum), fet que ha desembocat en una sobresaturació de la circulació en els àmbits urbans. Això s'ha traduït en l'augment de les retencions en els principals eixos viaris, dificultats en els accessos a la ciutat, zones de vianants envaïdes per automòbils estacionats, etc.

Paral·lelament, el nivell de qualitat de l'aire a les àrees urbanes ha experimentat un important empitjorament, fet pel qual els impactes ambientals han esdevingut un clar objectiu de millora en la gestió de la mobilitat, i s'ha accentuat la necessitat de combinar la fluïdificació del trànsit amb polítiques sostenibles de transport.

Ha quedat, doncs, demostrat que el creixement de les ciutats ha provocat que el model de confiar la mobilitat al vehicle privat sigui incompatible amb l'optimització de la circulació i, en conseqüència, amb el benestar de les persones residents, la competitivitat econòmica i empresarial i la sostenibilitat ambiental. Per aquesta raó, les tendències actuals de gestió de la mobilitat estan avançant vers un model que asseguri tots aquests factors, per tal d'aconseguir el funcionament òptim de la mobilitat urbana a les ciutats. Entre els punts que contribueixen a millorar el model actual, es troben:

- Considerar la ciutat com un pol que genera i atrau mobilitat, on cal assegurar tant la fluïdesa de la circulació interna (desplaçaments dins de la mateixa ciutat) com la dels seus accessos.
- Compatibilitzar al màxim la convivència diària dels modes de transport cohabitants a les zones urbanes, per tal que es puguin desenvolupar d'una forma equilibrada i segura.
- Promocionar i donar cobertura al territori amb transport públic col·lectiu, tant urbà com interurbà, procurant al màxim la intermodalitat entre els diferents serveis.
- Impulsar els modes de transport alternatius que aportin solucions vàlides més respectuoses amb el medi ambient.
- Millorar la gestió de la distribució urbana de mercaderies (DUM) amb la implicació de tots els agents de la cadena logística i els transportistes, per arribar a una solució beneficiosa per a totes les parts.

En la configuració del model de mobilitat en els àmbits urbans, que ha de tenir en compte tant el transport de passatgers com el de mercaderies, cal prendre en consideració les necessitats de cada agent que la integra per tal de promoure el seu desenvolupament equilibrat i sostenible. Així doncs, cal compatibilitzar la convivència dels diferents modes de transport, els espais de convivència, els de passeig, les zones d'aparcament, les àrees d'operacions de distribució de mercaderies, etc., que es troben en un espai comú i públic que cal gestionar amb la major eficàcia possible. Entre els agents que interactuen en la mobilitat urbana, destaquen com a principals:

- *El vianant* és l'element bàsic de les àrees urbanes. Els ciutadans es mouen majoritàriament a peu, ja sigui entre el seu punt d'origen al de destinació, o per anar fins o des del punt d'enllaç amb algun altre mode de transport (aparcament del vehicle privat o estació de transport públic). L'Observatori de la Mobilitat Metropolitana elaborat pels ministeris de Medi Ambient i Foment (març de 2007) mostra com a Madrid el 33 % dels desplaçaments es fan a peu, mentre que en el cas de Barcelona aquesta xifra augmenta fins el 38 %. El desplaçament a peu és el mode que menys espai ocupa i el que requereix més atenció al ser l'essència de les ciutats i del que major nombre de població en depèn. Amb tot, la limitació de la distància que es pot recórrer a peu fa que no sigui apte per a llargues distàncies. La lliure circulació caminant i el respecte pels passos de vianants i per les persones amb mobilitat reduïda són elements bàsics en la configuració urbana.

- *La bicicleta* és l'altre mode de transport sense afectació mediambiental. La seva implantació està sent una de les constants en les noves configuracions urbanes. Ja sigui com a transport habitual o de lleure, requereix el seu espai propi i protegit dels vehicles motoritzats, però també dels vianants, amb qui fins fa poc compartia espais i que s'ha demostrat incompatible. Es tracta d'un mode de transport amb gran creixement a l'àmbit urbà, utilitzat de manera força habitual entre la població jove i, fins i tot, per algunes empreses de missatgeria, fet que obre les portes al seu ús per a determinats segments de la distribució urbana de mercaderies.

- *El transport públic* constitueix un altre actor de vital importància vital en la mobilitat urbana. En el cas de l'àrea metropolitana de Barcelona representa el 27 % dels desplaçaments realitzats, i en el cas de la ciutat de Barcelona el 42 % (Observatori de la Mobilitat Metropolitana, 2007). Aquesta diferència de quota demostra que, a major distància, el transport públic al tenir una menor permeabilitat en el territori perd quota a favor del vehicle privat. Formen part del transport públic:

  - *El transport públic en superfície* (autobús i tramvia). Aquest tipus de transport requereix el seu espai propi a les ciutats. Tot i que ocupa un volum important i necessita carrils específics (o vies segregades), la seva gran capacitat els fa ideals per moure's en entorns amb alta densitat on seria impossible que tota la població realitzés els desplaçaments amb el seu propi vehicle.
  - *El transport públic soterrat* (metro i ferrocarrils). Té també un paper molt important en la mobilitat urbana. Es tracta d'un mode de transport massiu que evita un gran volum de mobilitat en superfície i que, per les seves característiques, no interfereix a la via pública.

  En un entorn on es vol potenciar la mobilitat sostenible, la promoció dels transports públics és fonamental.

- *El vehicle privat* era fins fa uns anys el principal protagonista de la mobilitat urbana a les ciutats, i la principal raó de ser dels carrers i de les zones d'aparcament (actualment és el segon mode més utilitzat en els desplaçaments a l'àrea metropolitana de Barcelona amb una quota del 30 %, un percentatge que es redueix fins el 17 % si ens centrem en la ciutat de Barcelona). Aquest model, com s'ha comentat anteriorment, s'ha revelat com a ineficient i poc sostenible, ocupa molt espai amb un baix índex d'ocupació, genera contaminació atmosfèrica i acústica, etc. Amb tot, és i seguirà sent un mitjà que cobreix les necessitats que altres modes no poden cobrir (trajecte porta a porta, disponibilitat a qualsevol hora, relativa capacitat de càrrega, etc.), raó per la qual les polítiques actuals tendeixen més a promoure'n un ús racional que no pas a restringir-ne l'ús.

- *La motocicleta* és una de les solucions que més s'ha generalitzat i que millor s'adapta a la climatologia mediterrània. El seu consum d'espai i l'afectació sobre el medi per passatger és força més reduïda que no pas amb l'automòbil, a causa del baix índex d'ocupació que acostuma a tenir el vehicle privat.

- *Els vehicles comercials* (camions, furgonetes, vehicles mixtos, etc.) ja siguin per distribuir mercaderies o per realitzar un servei. L'afectació sobre la mobilitat general d'aquest tipus de transport és important i presenta especials dificultats a l'hora d'estacionar perquè cal fer-ho a prop del lloc de destinació final de la mercaderia o de prestació del servei.

En definitiva, com s'ha pogut comprovar, en l'entramat urbà hi conviuen diferents usuaris de la mobilitat diària amb objectius i necessitats diferenciades, que requereixen un important esforç de gestió a través del qual s'optimitzi els desplaçaments de cadascú. Per aquesta raó, cal tendir a una mobilitat més equilibrada i sostenible, que garanteixi els desplaçaments de les persones i de les mercaderies, que afavoreixi un ús més racional del vehicle privat i fomenti el transport públic i els modes alternatius de desplaçament. L'objectiu final, doncs, ha de ser que les futures ciutats gaudeixin de la complementarietat òptima entre els diferents modes de transport, de manera que en cada cas s'assegurin uns bons nivells de qualitat de l'aire i també la competitivitat i el progrés de l'economia.

1.2   La logística i la seva versió urbana

La *logística* podria definir-se com «la manipulació dels béns i serveis que requereixen o produeixen les empreses o els consumidors finals mitjançant les funcions de transport, emmagatzematge, aprovisionament i distribució de mercaderies». Al seu torn, cadascuna d'aquestes funcions inclou diverses activitats: recepció, tractament i preparació de comandes, gestió d'estocs, disseny de rutes, tractament de la informació comercial, selecció de proveïdors, controls de qualitat, preparació de semielaborats, etc.

El Council of Logistics Management defineix *logística* com «la part del procés de gestió de la cadena de subministrament encarregada de planificar, implementar i controlar de forma eficient i efectiva l'emmagatzematge i el flux directe i invers dels béns, serveis i tota la informació relacionada amb aquests, entre el punt d'origen i el punt de consum, amb el propòsit de complir les expectatives del consumidor».

La globalització, la millora en els transports i la creixent demanda de producció a països emergents són factors que han fet créixer el tràfic de mercaderies a escala mundial (220 % entre l'any 1970 i el 2000 a la Unió Europea). Actualment, les mercaderies es desplacen cada cop més i recorren distàncies més grans, i aquest fet no només no es preveu que s'aturi, sinó que hi ha indicadors que en mostren la tendència a l'alça. Per la seva situació física (lloc de pas de grans corredors de mercaderies), Catalunya també és partícip d'aquest fenomen, el qual ha fet que el sector logístic sigui estratègic per a l'economia catalana:

– El transport de mercaderies ha tingut taxes de creixement anual del 12 % en els darrers cinc anys.
– El sector logístic representa el 3,9 % del valor afegit brut (VAB) total de Catalunya (la construcció en representa el 8,5 %).
– L'activitat logística representa el 4,1 % de l'ocupació.

La cadena logística o cadena de subministrament és l'expressió que defineix la seqüència d'agents, funcions i activitats en la qual intervenen fluxos de béns, de serveis i d'informació relacionada, entre dos punts.

Les cadenes logístiques poden tenir diferents formes i diferents graus de complexitat, però, en general, inclouen cinc agents principals:

– Proveïdor.
– Fabricant.
– Distribuïdor.
– Detallista.
– Consumidor.

Entre aquests agents es produeix un transport de mercaderies, normalment subcontractat a operadors logístics o transportistes, tot i que també pot esdevenir-se que es faci amb mitjans propis d'algun dels agents.

L'expressió territorial més evident d'aquesta cadena són, d'una banda, les instal·lacions immobiliàries dels agents (magatzems, plantes de fabricació, etc., pròpies o subcontractades) i, de l'altra, el transport físic de les mercaderies entre els agents.

Generalment, es diferencia el transport de llarg recorregut d'aquell que és més capil·lar, ja que cadascun es realitza en unes condicions i amb una funcionalitat diferent. El

	Tipus de logística	*Tipus de vehicle*	*Àmbit geogràfic*	*Distàncies*	*Tipus d'agents de la cadena*
Llarg recorregut	Logística industrial	Grans	Interurbà	Distàncies llargues en àmbits regionals i internacionals	- Proveïdors de matèries primeres - Fabricants - Distribuïdors majoristes
Capil·lar	Logística de consum	Mitjans o petits	Urbà	Distàncies curtes en àmbits locals (ex. <50 km)	- Distribuïdors minoristes - Punts de venda

Taula 1. Logística industrial i de consum.

transport de llarg recorregut correspon a aquells intercanvis de béns que cobreixen llargues distàncies, realitzats habitualment amb vehicles grans, entre operacions de la cadena logística prèvies a la distribució detallista. El transport capil·lar correspon a relacions de curta distància, generalment realitzades amb vehicles mitjans/petits, per cobrir el subministrament a la distribució detallista.

Tot i que se sobreentén que la logística capil·lar es desenvolupa en àmbits urbans i la logística de llarg recorregut es produeix en àmbits interurbans, per acotar on acaba una i on comença l'altra, cal fixar-se en la seva funcionalitat dins de la cadena logística. Des d'aquest punt de vista, la logística de llarg recorregut acaba a les plataformes de distribució encarades al comerç minorista. A la figura 1, la logística de llarg recorregut està representada amb la fletxa gris clar, mentre que la logística capil·lar es representa amb el tram de fletxa gris fosc.

La distribució urbana de mercaderies és el transport de mercaderies que s'emmarca en l'àmbit urbà per a l'abastiment dels establiments empresarials (comercials, industrials o logístics) o bé per a l'abastiment directe del consumidor final. La distribució urbana representa el darrer graó de la cadena de transport, i és el que en anglès es coneix com a *last mile* (última milla).

La ciutat, el marc on es desenvolupa la distribució urbana de mercaderies, és un sistema orgànic que registra una creixent complexitat en la seva estructura d'elements i relacions. Aquestes característiques dibuixen un escenari en el qual els actors i les seves activitats

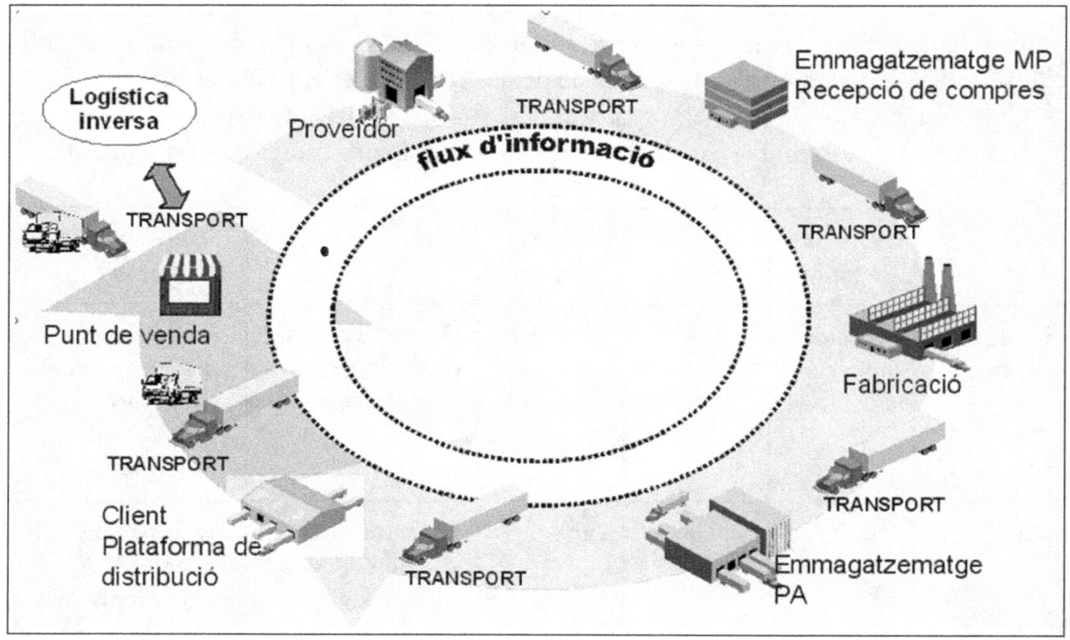

Figura 1. Esquema de la cadena logística tipus.

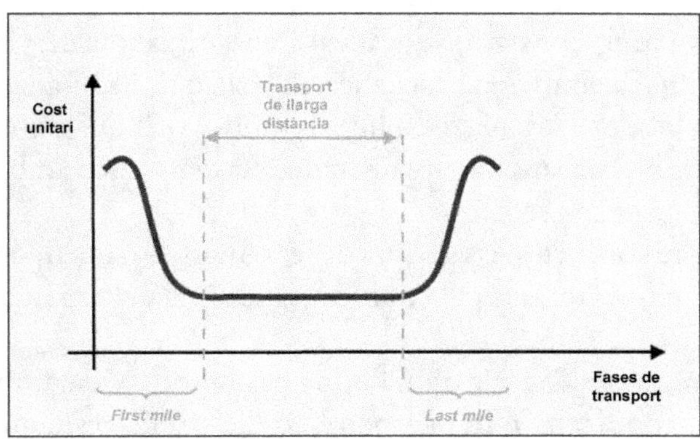

Figura 2. Cost unitari de la cadena logística tipus.

competeixen i cooperen per tal de donar resposta a la diversitat de requisits de la resta d'agents urbans.

La importància de la logística urbana es fonamenta en el fet que:

– Influeix directament en el cost del transport, afecta el cost final del producte i, en conseqüència, la competitivitat de les empreses i de l'economia en general.
– Dóna servei a les activitats industrials-productores i a les comercials.
– És imprescindible per mantenir els comerços correctament proveïts i, per tant, per mantenir cobertes les necessitats de la demanda ciutadana.
– Genera ocupació per si mateixa.

Per la pròpia configuració urbana, en general, la distribució de mercaderies es duu a terme normalment per carretera i, per limitacions normatives, en vehicles de mida mitjana (furgonetes o camions de petita dimensió, <7,5 t de MMA). La tria del més adequat depèn de la situació i necessitats (volum i configuració de les càrregues, tipus de trajecte, tipologia d'establiment on s'ha de fer la distribució, normatives municipals, etc.). Els vehicles de transport de mercaderies poden realitzar funcions d'introducció de béns, logística inversa, enviaments de productes o paqueteria, recollida de residus, etc. També poden servir a magatzems ubicats en àmbits urbans per a la posterior distribució capil·lar de les mercaderies.

1.2.1 La societat i la logística urbana, influència a les ciutats

Sovint la societat no percep la logística i el transport com un element imprescindible que assegura el proveïment dels productes als establiments, sinó que es percep com un conjunt de vehicles de distribució que interfereixen negativament en la circulació dels àmbits urbans (lents, grans i amb constants aturades) i en la qualitat de vida dels ciutadans, i que generen contaminació ambiental i acústica. Això fa que el ciutadà no acabi d'entendre la funcionalitat de la logística urbana, i explica els motius pels quals iniciatives relacionades amb la logística en àmbits urbans han topat en determinats casos amb queixes o l'oposició d'associacions veïnals i grups ecologistes.

A l'hora de resoldre conflictes, els gestors de les ciutats es troben, doncs, amb tres tipus d'interessos: els dels ciutadans, els dels transportistes i els del teixit empresarial:

- *Els ciutadans* reclamen gaudir d'una bona qualitat de vida ambiental a les ciutats. Aquest fet és important tant pel benestar dels seus residents com per atreure activitats empresarials, fins i tot, la turística.
- *Els transportistes* que treballen diàriament en àmbits urbans es troben exposats a una marcada congestió del trànsit, penalitzacions per arribada amb retard, estrès, jornades laborals excessives, restriccions d'accés (per horari, zona, mida, etc.), dificultats per realitzar la càrrega/descàrrega, terminis de lliurament molt acotats, accidentalitat, etc.
- *El teixit empresarial.* Els centres urbans necessiten l'activitat econòmica (industrial, logística i comercial) per atraure residents, empreses, compradors, etc. Cal no menystenir en aquest punt que els ciutadans també necessiten aquesta activitat comercial ja que són precisament la raó inicial de ser del comerç i de l'activitat empresarial en general.

Tot i que resulta difícil trobar l'equilibri entre els requeriments del teixit empresarial, el transport i els ciutadans, el repte en la gestió de la mobilitat urbana és aconseguir crear un espai de convivència on es considerin les necessitats d'empreses carregadores i transportistes, i on s'asseguri la sostenibilitat ambiental de la ciutat. El comerç localitzat dins dels centres urbans acostuma a tenir dificultats per a mantenir la seva competitivitat enfront dels seus potencials competidors (centres comercials i comerços majoristes als afores de la ciutat, comerç electrònic, etc.). Per aquesta raó cal intentar facilitar i contribuir a millorar la seva gestió logística per tal d'evitar un possible abandó dels centres urbans com a emplaçaments comercials, amb les conseqüències sobre la mobilitat que es derivarien sobre els accessos i sortides de la ciutat.

Com ha quedat patent, les dificultats a les quals s'enfronta la mobilitat urbana no són fàcils de resoldre. El camí per a la millora passa per involucrar tots els implicats en la cerca de solucions comunes encarades a optimitzar la cadena logística a l'última milla, sense menystenir la necessitat de realitzar accions pedagògiques perquè la societat prengui consciència de la importància que té la logística urbana, tant per trobar els productes de consum diari als establiments com per assegurar la competitivitat de les ciutats.

1.3   La logística urbana, principals magnituds

Tot i que no existeixen indicadors que mesurin quantitativament l'impacte de la logística urbana a les ciutats, hi ha una sèrie de factors que ajuden a analitzar-lo i que permeten també relacionar les variables que hi interactuen. Entre aquestes variables, es troben el nombre d'habitants, els establiments empresarials, l'índex del comerç minorista, el parc de vehicles (tant privats com furgonetes i camions), les dades de desplaçaments urbans segons l'àmbit d'actuació, el nombre de zones de càrrega i descàrrega habilitades, etc.

Relació entre la població i la distribució urbana de mercaderies

El nombre d'habitants és un factor que influeix directament en la mobilitat, tant de forma directa (en els seus desplaçaments diaris) com indirecta (perquè conformen la demanda i principal raó de ser del comerç). Per aquesta raó, com major és el nombre d'habitants d'una ciutat, més necessitat de mobilitat hi ha i més esforç cal fer per trobar solucions adequades per a totes les parts implicades.

Madrid i Barcelona són, amb diferència, les províncies més poblades d'Espanya. Això explica perquè en aquestes ciutats es registren els índexs més elevats de distribució urbana de mercaderies. Aquesta afirmació quedarà contrastada més endavant, quan s'analitzin els desplaçaments urbans de mercaderies segons la ciutat.

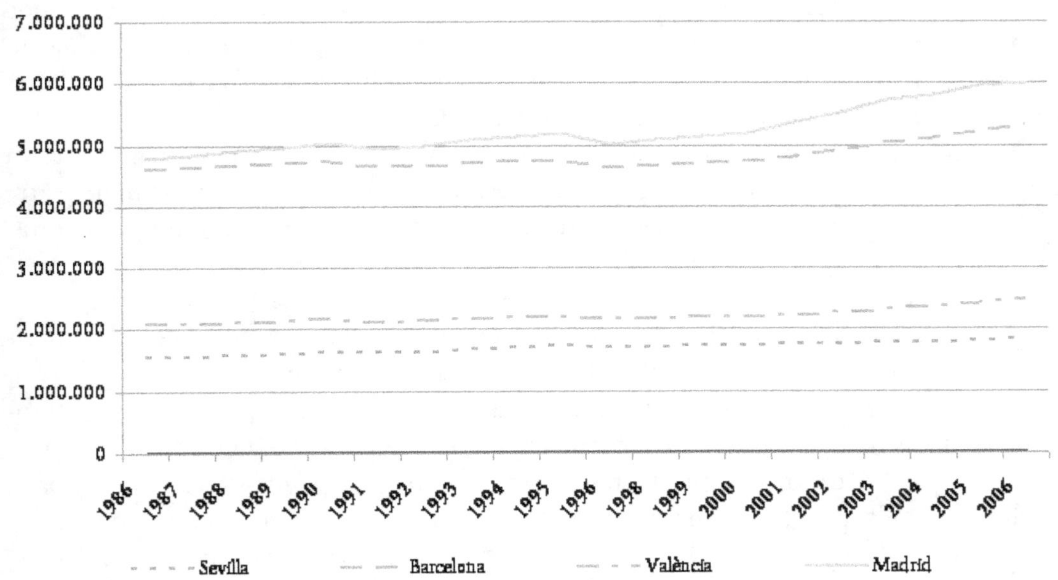

Figura 3. Evolució de la població a les províncies més poblades d'Espanya. Font: INE.

PETIT COMERÇ	
Establiments	Lliuraments diaris
Productes alimentaris	5,3
Roba i calçat	0,4
Articles per a la llar	·1
Llibres i diaris	3
Productes químics	0,6
Material de transport	0,7
Comerç no classificat en altres apartats	0,7

Taula 2. Distribució urbana generada. Font: Directrius nacionals de la Mobilitat (DPTOP Generalitat de Catalunya).

ALTRES ESTABLIMENTS	
Establiments	Lliuraments diaris
Comerç a l'engròs	2
Hostaleria	2

Taula 3. Distribució urbana generada. Font: Directrius nacionals de la Mobilitat (DPTOP Generalitat de Catalunya).

Relació entre l'establiment empresarial i la distribució urbana de mercaderies

Els establiments empresarials ubicats a les ciutats tenen com a objectiu satisfer la demanda de productes de consum de la població o bé oferir un servei. Aquesta demanda de consum és precisament el factor causant que genera la distribució urbana de mercaderies (proveïment de l'establiment i, a vegades, servei a domicili).

En general, el volum de desplaçaments diaris que generen els establiments varia en funció del tipus de producte o servei que ofereixen. Aquí, s'hi poden distingir, entre d'altres, el petit comerç (alimentació, roba, articles per a la llar, etc.), el comerç a l'engròs, l'hostaleria, etc.

A les taules 2 i 3 es mostren alguns dels valors que s'estimen a les directrius nacionals de la mobilitat de la Generalitat de Catalunya quant a mobilitat generada en els proveïments d'alguns dels tipus d'establiments anomenats anteriorment.

Com es pot apreciar, el sector dels productes alimentaris és el que produeix més moviments diaris. Paral·lelament, val a dir que entre tots els comerços al detall ubicats a les ciutats, els que se centren en productes alimentaris i begudes són els més nombrosos, i, en definitiva, els que generen un volum més important de distribució urbana de mercaderies. Aquest fet queda contrastat en el cas de la ciutat de Barcelona on el 24 % dels establiments de comerç són alimentaris. Per sota d'aquestes xifres, se situen els establiments del sector tèxtil que representen el 19 % del total.

ÍNDEX DEL COMERÇ AL DETALL (BASE 2005 = 100)

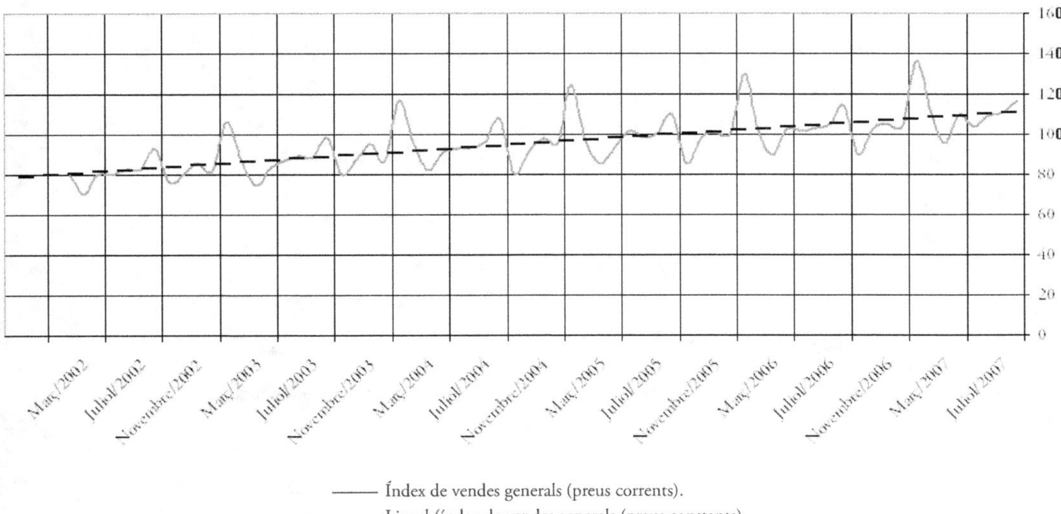

Figura 4. Índex del comerç al detall. Font: Idescat.

El comerç minorista (petit comerç)

És un dels sectors que demanda més els serveis de logística urbana. Es troba general-
ment ubicat en els centres urbans i requereix l'entrada del transport a la ciutat per a
proveir-se de les mercaderies. L'índex del comerç al detall mostra en els darrers cinc
anys una tendència creixent (4,6 % interanual), i per sobre de l'increment de l'IPC
(2,8 % el 2006).

L'índex de comerç al detall també reflecteix una inestabilitat en el volum de vendes al
llarg de l'any, amb dues puntes fàcilment diferenciables. D'una banda, la més important
es troba al mes de desembre, quan la població fa la major part de les grans despeses de
Nadal i Cap d'Any. D'altra banda, hi ha una altra punta menor que coincideix amb el
període de vacances d'estiu, quan les famílies incrementen la despesa de manera con-
siderable. Aquesta circumstància desemboca en un desequilibri estacional de la demanda,
cosa que provoca unes necessitats de subministrament afegides durant aquests pe-
ríodes.

Cal destacar que l'elevat preu del sòl a les zones urbanes contribueix al fet que les
botigues disminueixin la superfície d'emmagatzematge a favor de la superfície de venda,
així s'accentua la necessitat d'augmentar la freqüència dels enviaments setmanals de forma
general i creix el volum de trànsit de mercaderies a la ciutat.

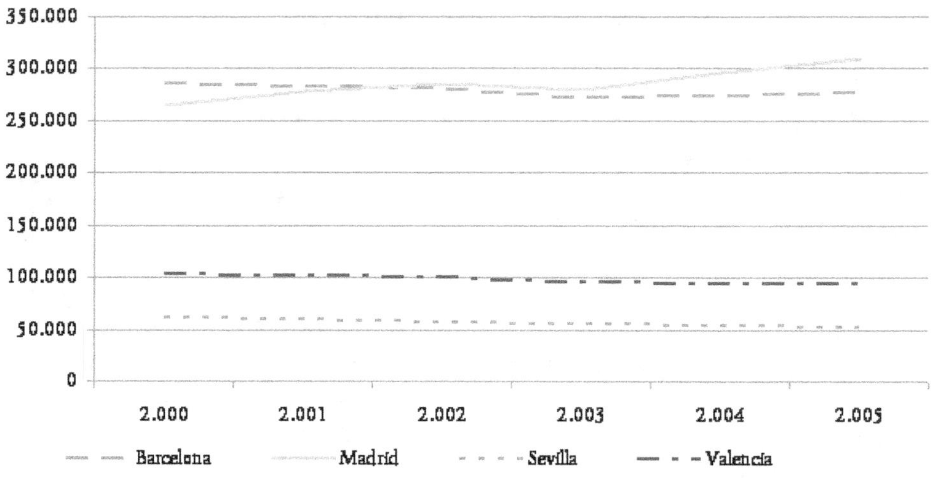

Figura 5. Parc de furgonetes (2000-2005). Font: DGT.

El parc de vehicles

- **Furgonetes**

  Donada la configuració dels carrers de les zones urbanes, el tipus de distribució i les restriccions dels ajuntaments, els vehicles emprats per realitzar la distribució urbana han de ser àgils i no poden sobrepassar un pes màxim autoritzat. Aquests factors expliquen que les furgonetes i els camions lleugers siguin els vehicles més utilitzats pels proveïdors de les botigues i empreses ubicades en àmbits urbans.

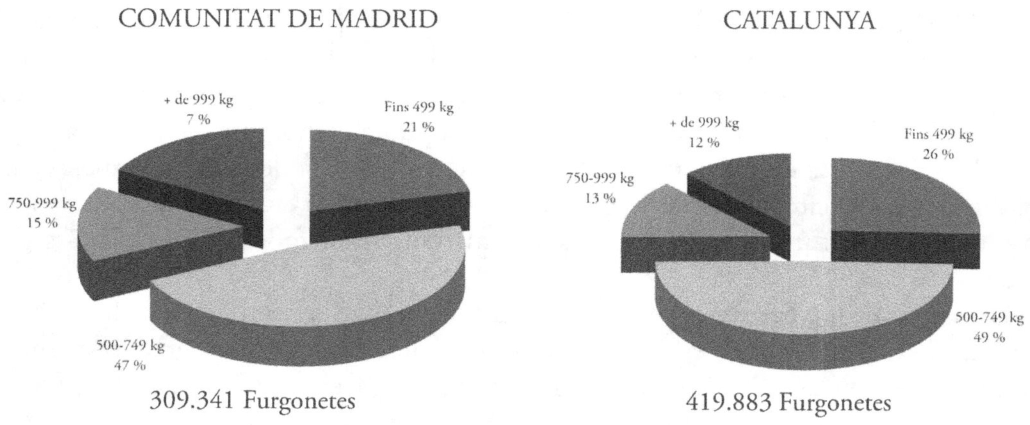

Figura 6. Parc de furgonetes segons càrrega (2005). Font: DGT.

En els darrers anys, el parc de furgonetes a les ciutats amb major població ha tendit a mantenir-se estable o a decréixer, tret de la comunitat de Madrid on el parc ha tendit a créixer (ritme anual del 3,1 % pel període 2000-05).

Tal com s'observa en la figura 6, tant a Madrid com a Catalunya, per càrrega, gairebé un 50 % de les furgonetes que s'utilitzen són de mida mitjana (entre 500 i 749 kg de MMA). Aquest tipus de vehicle s'adapta millor a les càrregues i permet circular pels carrers de la ciutat amb una agilitat més gran. Les furgonetes més lleugeres i les més pesades es reparteixen el 50 % restant.

A Catalunya cal destacar que el 66 % de les furgonetes es troben a la província de Barcelona, fet que s'explica per la concentració de teixit urbà.

- **Camions**
  Si es mira el parc de camions s'observa que la majoria (entre el 60 % i el 70 %) són de gran tonatge, és a dir, els que s'empren per a la logística de llarga distància. Els segons més habituals són els camions lleugers; no arriben als 1.000 kg de MMA, són més àgils per passar per carrers estrets, perjudiquen menys el trànsit i resulten més econòmics (especialment indicats per a empreses petites que no realitzen gran distribució). Els camions de dimensió mitjana no tenen un ús tan generalitzat ja que tenen una funcionalitat més concreta (distribució des d'origen llunyà, embalums grans, gran distribució, etc.).

Nombre de desplaçaments

Tal com s'ha comentat anteriorment, les ciutats amb major població són les que encapçalen el rànquing de desplaçaments per dia (vegeu la figura 8).

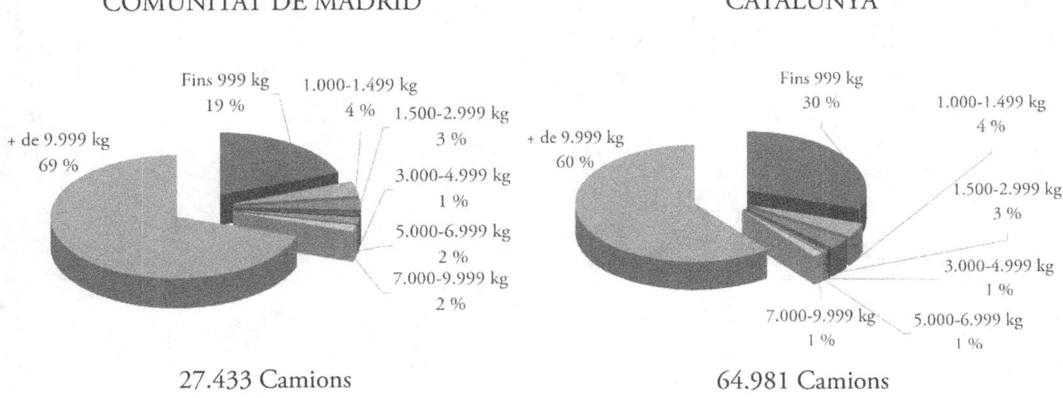

Figura 7. Parc de camions a les comunitats autònomes de Madrid i Catalunya. Font: DGT.

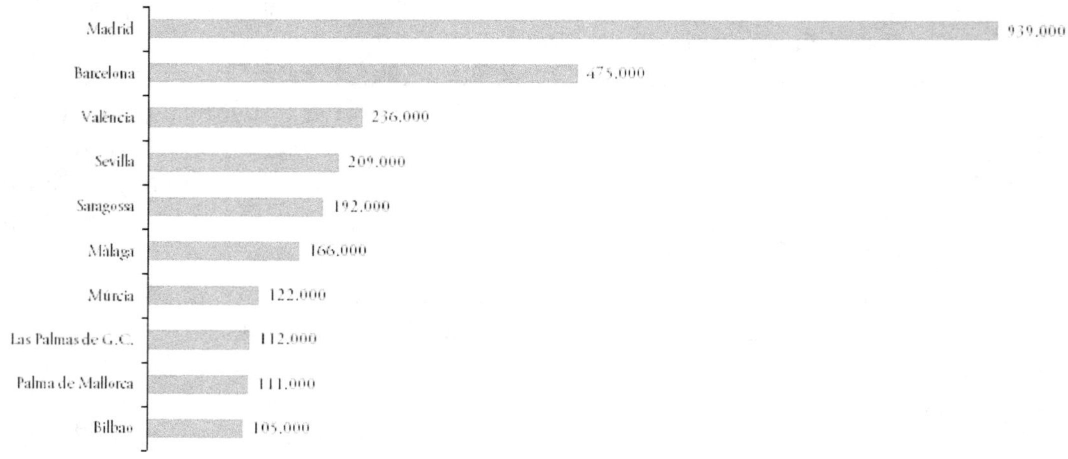

Figura 8. Desplaçaments diaris de mercaderies a diferents ciutats espanyoles (2005). Font: El Vigía.

Una de les dades que més sorprèn, i que posa de manifest el llarg camí que hi ha per recórrer per tal d'optimitzar els fluxos en l'àmbit urbà, és el percentatge de viatges en buit. Segons l'enquesta permanent del transport de mercaderies per carretera que publica anualment el Ministeri de Foment, el percentatge de viatges en buit dels trajectes intramunicipals i intermunicipals d'una mateixa comunitat representen prop del 50 %. En els viatges entre comunitats autònomes i en els de caire internacional aquest percentatge decreix i se situa en el 30 %.

Barcelona és la gran concentració urbana de Catalunya. Hi ha més d'un milió i mig de persones en 100 km^2 i compta amb una estructura comercial molt activa. Cada dia es produeixen 475.000 moviments de transport de mercaderies que representen prop de 72.000 vehicles de càrrega dins de la ciutat (53 % del trànsit intern), principalment generats per l'entrada de vehicles de les poblacions del voltant (72 % dels desplaçaments totals). Aquesta xifra ha crescut a ritme lent en els darrers anys (3,2 % per any).

Nombre de zones de càrrega/descàrrega habilitades

Les zones de càrrega i descàrrega són un bon indicador a l'hora de calibrar quina és la importància que té la distribució urbana de mercaderies en una ciutat, ja que són les zones que s'habiliten dins de la ciutat perquè les empreses puguin realitzar la tasca esmentada.

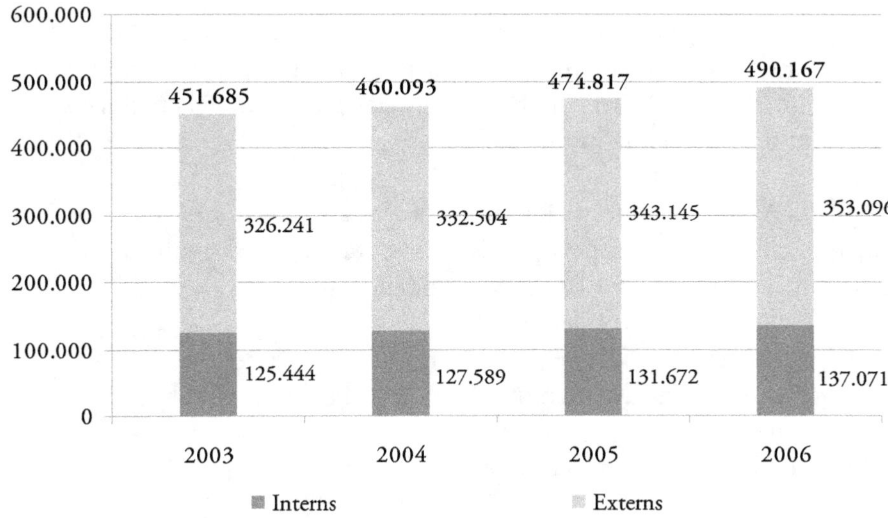

Figura 9. Desplaçaments de vehicles de mercaderies a Barcelona. Font: Ajuntament de Barcelona.

Dintre d'una política de regular la mobilitat a partir de la utilització especialitzada dels usos de la calçada, a Barcelona s'ha apostat clarament per incrementar el nombre de zones dedicades a càrrega i descàrrega de mercaderies (han crescut un 45 % en els darrers cinc anys). Aquesta acció s'ha dut a terme, entre d'altres raons, perquè les descàrregues fora de les zones habilitades produeixen una reducció de la capacitat de la via i, per tant, un entorpiment de la fluïdesa del trànsit.

1.4 Les noves eines per a la gestió i la planificació de la mobilitat. Llei de la Mobilitat

A Catalunya el referent en mobilitat és regulat per la Llei 9/2003 de la Mobilitat. Aquesta té com a objectiu establir els principis i els objectius als quals ha de respondre una gestió de la mobilitat de les persones i del transport de mercaderies dirigida a la sostenibilitat i la seguretat, i a determinar els instruments necessaris perquè la societat assoleixi els objectius esmentats i per garantir a tots els ciutadans una accessibilitat amb mitjans sostenibles.

Entre els principis que han inspirat la Llei, els que estan relacionats amb les mercaderies fan referència principalment a:

- L'organització d'un sistema de distribució de mercaderies sostenible.
- La prioritat dels mitjans de transport de menor cost social i ambiental, tant de persones com de mercaderies.
- La distribució adequada dels costos d'implantació i de gestió del transport.

– L'adequació a les polítiques comunitàries sobre aquesta matèria.
– El foment del desenvolupament urbà sostenible i l'ús racional del territori.
– El compliment dels tractats internacionals vigents relatius a la preservació del clima pel que fa referència a la mobilitat.

La Llei de la Mobilitat especifica vint-i-tres objectius referents a la bona gestió de la mobilitat; tots ells es regeixen pels principis inspiradors de la mateixa Llei. Les característiques principals d'aquests objectius es poden resumir en:

* **Model territorial**
  – Vincular decisions urbanístiques amb estudis de mobilitat.
  – Minimitzar la mobilitat obligada.
  – Preveure les necessitats del transport públic.

* **Costos i externalitats**
  – Equiparar transport públic i privat pel que fa als costos de producció i utilització dels sistemes, i adequar progressivament el sistema de càrregues i tarifes directes sobre la mobilitat a un esquema que integri les externalitats.
  – Reduir emissions de gasos amb efecte hivernacle.

* **Alternatives del transport**
  – Incorporar models no motoritzats a les polítiques de mobilitat.
  – Estimular l'ús eficient dels vehicles.
  – Fomentar la intermodalitat en el transport de mercaderies.

* **Nivells de seguretat**
  – Promoure l'educació ciutadana.
  – Atendre les persones amb mobilitat reduïda.

* **Gestió de la mobilitat**
  – Fomentar l'ús de noves tecnologies.

Tanmateix, la Llei de la Mobilitat preveu tant els instruments de planificació com els instruments de seguiment i control següents:

Instruments de planificació

Els instruments de planificació han de concretar, per a l'àmbit territorial que en cada cas els correspongui, l'aplicació dels objectius de mobilitat d'aquesta Llei mitjançant l'establiment de directrius, objectius temporals, propostes operatives i instruments de control. La Llei de la Mobilitat estableix els instruments de planificació següents:

- **Directrius nacionals de la mobilitat**
  Constitueixen el marc orientador per a l'aplicació dels objectius de mobilitat d'aquesta Llei mitjançant l'establiment d'orientacions, criteris, objectius temporals, etc. L'àmbit d'aplicació de les directrius nacionals de la mobilitat és tot el territori de Catalunya i tenen la naturalesa de pla territorial sectorial. Les directrius nacionals de la mobilitat s'estructuren en:

  - Mobilitat quotidiana de viatgers.
  - Mobilitat no quotidiana de viatgers.
  - Distribució urbana de mercaderies.
  - Logística i transport de mercaderies de llarg recorregut i de pas.

  Dins l'apartat dedicat a la distribució urbana de mercaderies, destaquen els següents objectius:

  - Anàlisi del mercat de la distribució urbana de mercaderies i prospectiva.
  - Classificació de les diferents zones urbanes amb característiques de distribució urbana de mercaderies similars.
  - Recerca de bones pràctiques en el camp de la distribució urbana de mercaderies i valoració de l'aplicació a Catalunya.
  - Definició dels àmbits d'actuació i de la seva tipologia.
  - Definició d'objectius estratègics.
  - Proposta d'un programa d'actuacions.
  - Definició de l'eina d'avaluació de les polítiques de mobilitat.

- **Plans directors**
  Tenen com a objectiu el desenvolupament territorialitzat de les directrius nacionals de la mobilitat. El procés d'elaboració i tramitació dels plans directors de la mobilitat s'ha d'establir per reglament, el qual ha de garantir la participació dels ens locals afectats, dels organismes i les entitats representatives en l'àmbit de la mobilitat i dels departaments de la Generalitat, les competències de la qual poden quedar afectades.

- **Plans de mobilitat urbana**
  Són el document bàsic per configurar les estratègies de mobilitat sostenible dels municipis de Catalunya. L'àmbit territorial dels plans de mobilitat urbana és el del municipi o, amb l'acord corresponent dels ajuntaments afectats, el de diversos

municipis amb un esquema de mobilitat interdependent, tant si integren una àrea urbana contínua com si no n'integren cap. L'elaboració i l'aprovació dels plans de mobilitat urbana són obligatòries per als municipis que, d'acord amb la normativa de règim local o el corresponent pla director de mobilitat, hagin de prestar servei de transport col·lectiu urbà de viatgers.

- **Plans específics**
  Amb un caràcter transversal, tenen com a objectiu el desenvolupament sectorialitzat de les directrius nacionals de la mobilitat, tant en el cas de les persones com en el de les mercaderies. En els plans específics hi han de participar els ens locals afectats i els organismes i les entitats representatives en l'àmbit de la mobilitat.

Instruments d'avaluació i seguiment

Els instruments d'avaluació i seguiment tenen les funcions d'avaluar els instruments de planificació i analitzar-ne els defectes que aquests poden produir quan s'apliquin. La Llei de la Mobilitat estableix els instruments d'avaluació i seguiment següents:

- **L'Observatori Català de la Mobilitat**
  Es configura com un instrument de recollida i difusió de la informació més rellevant en matèria de mobilitat i del seu grau de sostenibilitat. Aquestes dades que recull són públiques i han de figurar agregades per a Catalunya i territorialitzades pels àmbits definits en les directrius nacionals de la mobilitat; a més, s'han de referir als objectius quantitatius i qualitatius, als indicadors de mobilitat, als serveis públics de transport, als comptes del transport i a les informacions ja disponibles en altres observatoris o organismes integrants del Sistema Estadístic de Catalunya.

- **Els indicadors establerts pels mateixos instruments de planificació**
  Han de cobrir les categories següents:

  - Accessibilitat.
  - Impacte ambiental.
  - Emissions de gasos d'efecte hivernacle.
  - Impacte sonor.
  - Seguretat.
  - Costos socials i eficiència dels sistemes.
  - Capacitat, oferta i demanda.
  - Qualitat del servei.

– Consum energètic.
– Intermodalitat.

- **Els estudis de viabilitat**
  Serveixen per avaluar l'impacte que comporta la creació i la modificació d'una infraestructura o d'un servei de transport, tant des del punt de vista de l'oferta i de la demanda com des de les perspectives econòmicofinanceres, ambientals, de seguretat i funcionals.

  Els plans directors de mobilitat i els plans de mobilitat urbana han de disposar d'un estudi de viabilitat que contingui, per a cada nova infraestructura de transport prevista, l'avaluació de la demanda; l'anàlisi dels costos d'implantació i d'amortització, i dels costos i els ingressos d'operació i manteniment; la valoració de les possibles afectacions mediambientals i dels costos socials, i una anàlisi de funcionalitat que garanteixi l'eficàcia, l'ergonomia i la seguretat del sistema.

- **Avaluació estratègica ambiental**
  Els instruments de planificació de la Llei de la Mobilitat s'han de sotmetre a una avaluació estratègica ambiental, d'acord amb el Departament de Medi Ambient i amb el que estableix la legislació comunitària.

- **Els estudis d'avaluació de la mobilitat generada i de les condicions de seguretat**
  Avaluen l'augment potencial de desplaçaments provocat per una nova planificació o una nova implantació d'activitats i la capacitat d'absorció dels serveis viaris i dels sistemes de transport, inclosos els sistemes de transport de baix o nul impacte, com els desplaçaments en bicicleta o a peu. Aquest estudi s'ha d'integrar, com a mínim, en els plans territorials d'equipaments o de serveis, en els plans directors, en els plans d'ordenació municipal o instruments equivalents i en els projectes de noves instal·lacions que es determinin per reglament. Finalment, s'ha de sotmetre a informació pública, conjuntament amb el pla o el projecte de què es tracti, i ha de ser sotmès a informe de l'autoritat territorial de la mobilitat.

1.5　*La planificació urbanística comercial com a eina de millora de la mobilitat urbana*

S'entén per *planificació comercial* «el procés mitjançant el qual s'analitzen i s'estableixen els objectius encarats a assolir un nivell d'equipament comercial equilibrat entre les diferents formes de distribució, per satisfer així les necessitats de compra del consumidor en un àmbit territorial determinat».

Com es veurà més endavant, la distribució urbana de mercaderies és un segment de la mobilitat que s'origina en una demanda de serveis logístics per part de diferents agents entre els quals destaca el comerç, que és el graó final de la majoria de cadenes logístiques i que, a més, assegura el proveïment dels béns de consum a la població.

El comerç és generador de desplaçaments i, per tant, la planificació de la seva implantació i dimensionament en el territori té una influència cabdal en l'optimització de la mobilitat. Els desplaçaments poden ser de dues tipologies:

- *Els desplaçaments del transport de mercaderies per part dels proveïdors* (fabricant, operador logístic o transportista).
- *Els desplaçaments dels consumidors,* que tindran un mode de comportament divers en funció de si és comerç de proximitat (comerç tradicional o supermercat) o aïllat (gran superfície).

Les tipologies de comerç d'una zona determinen, doncs, l'escenari de la mobilitat i, per tant, la manera d'accedir-hi dels consumidors, el tipus de vehicle emprat en els proveïments, la freqüència de proveïment, etc.

En general, la planificació del comerç es fa des de dues escales: la planificació territorial i la planificació urbanística (vegeu la taula 5).

A Catalunya, la planificació comercial és regulada per la Llei 18/2005 de 27 de desembre d'Equipaments Comercials. Aquesta Llei té com a principal objectiu potenciar estructures urbanes compactes i fomentar la cohesió, fet que contribueix a una mobilitat més sostenible, i estableix el pla territorial sectorial d'equipaments comercials (PTSEC) com a l'instrument per a l'ordenació dels equipaments comercials en l'àmbit territorial

	Superfície (m²)	*Mode d'accés del consumidor*	*Vehicle de proveïment*	*Freqüència de proveïment*
Hipermercat	> 2.500			
Supermercat gran	1.000 - 2.500			
Supermercat petit-mitjà	100 - 1.000			
Comerç tradicional	< 100			

Taula 4. Tipologies de comerç i escenari de la mobilitat. Font: elaboració pròpia.

Sistema de planificació territorial (Llei de Política Territorial)		Sistema de planificació urbanística (Llei d'Urbanisme de Catalunya)	
PLA TERRITORIAL GENERAL (PTG)		PLA ORDENACIÓ URBANA MUNICIPAL (POUM)	
Pla territorial parcial	Pla territorial sectorial (Pla de carreteres, Pla d'equipaments comercials...)	**Programa actuació urbanística municipal**	Programa orientació equipaments comercials (POEC)
		Programa de millora urbana	Plans especials (d'usos comercials, d'establiments d'oci, de polígons, etc.)

Taula 5. Sistemes de planificació territorial i urbanística a Catalunya. Font: Cambra de Comerç de Sabadell.

de Catalunya. Entre els objectius del PTSEC, i pel que fa referència a la mobilitat, el pla busca potenciar centres o polaritats comercials per corregir desequilibris amb la intenció de reduir els dèficits d'oferta de proximitat per tal d'evitar mobilitats.

Entre els instruments que destaquen en un àmbit territorial municipal, es troben, en primer lloc, els programes d'orientació per als equipaments comercials (POEC). Són els elements bàsics que determinen el model comercial potencial d'un municipi, tenen una elevada relació amb el planejament urbanístic i estan directament influenciats pels increments de població. En definitiva, es tracta d'un instrument de planificació indicatiu amb una tramitació similar a la dels plans urbanístics, però centrat en el sector del comerç.

Entre d'altres actuacions que determinen el model comercial d'un municipi, i que en conseqüència influeixen sobre l'estat futur de la mobilitat, es troben els plans de dinamització del comerç urbà, que tenen com a principal objectiu crear i impulsar una opció de compra organitzada en una zona concreta d'un municipi. Aquests plans han comprès diferents camps dintre del seu pla d'actuació, entre els quals destaca la promoció de l'associacionisme per assolir objectius comuns, com per exemple, la voluntat de consensuar l'homogeneïtzació dels horaris de recepció de mercaderies, a fi i efecte d'evitar la coincidència amb l'hora punta i amb els horaris d'afluència dels consumidors. Entre altres avantatges derivades de l'associacionisme, destaquen les possibilitats que proporciona quant a aconseguir sinèrgies en la distribució per tal d'obtenir economies d'escala i reduir els costos ambientals derivats.

Finalment, cal destacar que, a partir de la Llei de la Mobilitat, hi ha hagut un canvi substancial en la tendència del model de mobilitat, fet que ha aportat una relació directa amb la planificació urbanística. Aquesta Llei, a més de promoure els valors de seguretat, sostenibilitat i integració social, ha aportat la conveniència de lligar el desenvolupament urbanístic i les previsions de mobilitat des de les fases inicials del planejament urbanístic.

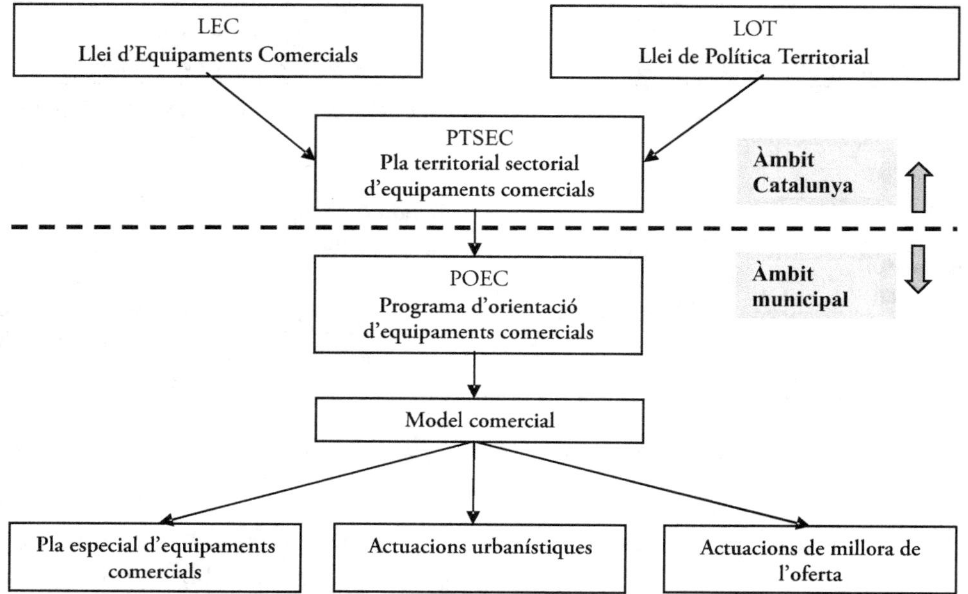

Taula 6. Relació entre la Llei d'Equipaments Comercials i la Llei de Política Territorial.
Font: Cambra de Comerç de Sabadell.

Entre els instruments de seguiment i anàlisi de la Llei, s'ha creat els estudis de mobilitat generada, esmentats en l'apartat anterior. En concret, la Llei determina que, com a mínim, els plans territorials d'equipaments o serveis, els plans directors, els plans d'ordenació municipal i els projectes de noves instal·lacions que es determinin per reglament hauran d'incloure un estudi d'avaluació de la mobilitat generada.

Cal destacar, a més, que els estudis d'avaluació de la mobilitat generada referents al planejament urbanístic han de preveure un càlcul del nombre de desplaçaments que es produeixen en els diferents àmbits del pla en funció de les superfícies, dels usos permesos o de l'índex d'edificabilitat fixat en el planejament.

El Decret de Mobilitat Generada quantifica els desplaçaments generats pels consumidors, amb una ràtio mínima per a l'ús comercial de 50 viatges/100 m² de sostre. En l'àmbit de les mercaderies, en canvi, el Decret no quantifica els desplaçaments atrets per la tasca de proveïment i se centra en el dimensionament pel que fa a l'operativa de càrrega/descàrrega de mercaderies; en el seu article 6 estableix les següents consideracions:

1. Amb l'objectiu de reduir les operacions de càrrega i descàrrega, els locals comercials han de destinar un mínim del 10 % del sostre a l'interior de l'edifici o a terrenys edificables del mateix solar, llevat que es tracti d'activitats comercials que, per les seves característiques especials, justifiquin la manca d'aquesta necessitat.

2. En el cas d'estudis referents a projectes de grans o mitjans establiments comercials:

- Han de disposar d'un moll o espai de 3 × 8 m de càrrega integrat a la instal·lació o a terrenys edificables del mateix solar, en cas de més de 1.300 m² de superfície de venda.
- A partir dels 1.300 m² de superfície de venda, pels següents 5.000 m² han de disposar d'un altre moll addicional de les mateixes característiques, i un altre més per cada un dels 10.000 m² següents.

3. En el cas d'estudis de mobilitat generada referents a plans urbanístics, estableixen que cal tenir en compte que, per aconseguir una distribució àgil i ordenada de les mercaderies a l'interior dels nuclis urbans, aquests contemplin les següents reserves de places de 3 × 8 m a la xarxa viària per a càrrega i descàrrega de mercaderies:

- *Ús comercial:* una plaça per cada 1.000 m² de superfície de venda o una plaça per cada vuit establiments.
- *Ús d'oficines:* una plaça per cada 2.000 m² de sostre.

En aquest mateix sentit, a les ordenances municipals, també hi ha exemples de regulació de les zones de càrrega i descàrrega per als establiments comercials, amb l'objectiu de donar facilitats d'operativa als proveïdors.

En definitiva, cal seguir avançant perquè la planificació territorial, la urbanística i la comercial vagin de la mà de forma coherent, per tal d'optimitzar al màxim tant l'operativa de proveïment (accessibilitat a les zones comercials, nombre adequat de zones de càrrega i descàrrega, metres quadrats de magatzem, etc.) com els desplaçaments per motiu de compra que la població genera. Com s'ha observat, en els darrers anys aquest fet ha estat plasmat a la normativa i el planejament, de manera que s'ha establert una relació directa amb la nova Llei de la Mobilitat, i s'ha dibuixat un escenari futur on l'eficiència dels desplaçaments motivats pel comerç serà creixent.

2 Definició i tipologia d'agents

La logística urbana s'ha convertit en els darrers anys en un factor decisiu per al desenvolupament i la competitivitat del teixit econòmic d'una regió. El fort increment del volum de trànsit a les ciutats, unit a la forta pressió urbanística i a la necessitat de preservació del medi ambient, ha fet que els organismes públics vegin en el coneixement i la gestió optimitzada de la mobilitat urbana, una eina bàsica de competitivitat de la ciutat.

En general, els desplaçaments urbans de mercaderies amb motius laborals es poden assimilar a tres motivacions:

- **El moviment de mercaderies**
  La finalitat d'aquest tipus de desplaçament és majoritàriament aprovisionar els punts de venda i constitueix la font principal de mobilitat urbana.

- **La prestació de serveis**
  Aquest tipus de desplaçaments no tenen com a objectiu el moviment de mercaderies, sinó la realització de tasques concretes com:

  - La *realització o condicionament d'instal·lacions* (telecomunicacions, electricitat, fontaneria): la necessitat d'eines i de material de treball fa que el mode de transport més utilitzat per aquest col·lectiu sigui la furgoneta.
  - Les *mudances*. En aquest cas, el vehicle té unes dimensions superiors al cas anterior. La dimensió dependrà del servei que s'hagi de realitzar.

- **Motivació comercial**
  La finalitat d'aquests moviments és la de vendre un producte, mantenir reunions de caràcter comercial, etc. En aquest cas, el vehicle usat sol ser un turisme o un vehicle mixt.

La distribució urbana de mercaderies té com a principals implicats dues grans tipologies d'agents: els que demanen el servei logístic (com poden ser els establiments o els domicilis), i els que l'ofereixen (que són els proveïdors, i que en funció de l'estructura de l'empresa pot ser des del mateix productor fins a l'operador logístic).

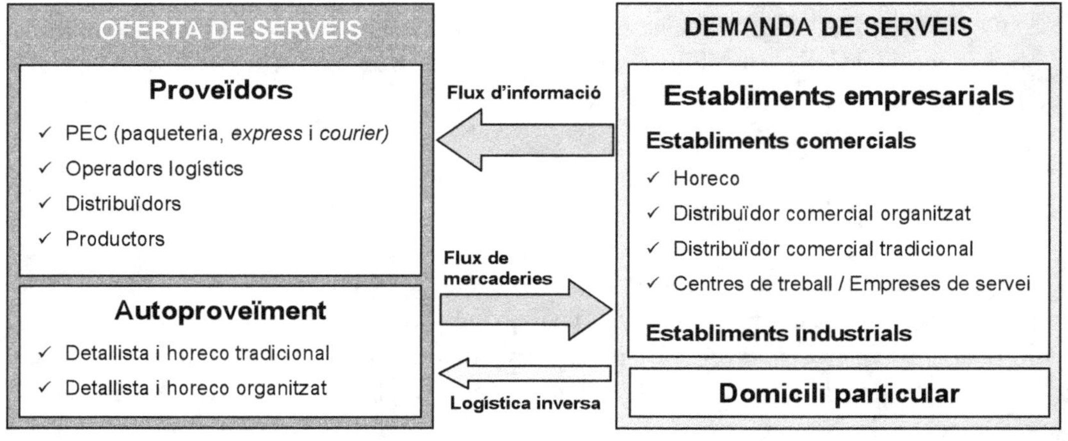

Figura 10. Definició i tipologia d'agents. Font: elaboració pròpia.

2.1 Agents que configuren l'oferta de serveis logístics

L'oferta de serveis logístics en la distribució urbana comprèn un conjunt d'agents encarregats de realitzar el transport en l'última milla. Aquests agents tenen metodologies de treball diferents en funció dels productes que transporten i del client final al qual s'adrecen.

Els agents que mouen mercaderies dins de l'espai urbà poden classificar-se en dos grups: els agents *proveïdors* i els agents que fan *autoproveïment*.

S'entén que una demanda de serveis es fa per *proveïdors* quan els mitjans de transport i la gestió logística no pertanyen al mateix propietari de l'establiment comercial o destinatari final. Dins d'aquest grup es troben els següents agents:

– Paqueteria, *express* i *courier*.
– Operadors logístics.
– Distribuïdors.
– Productors.

L'*autoproveïment*, en canvi, es refereix als casos en els quals la pròpia estructura de l'establiment comercial transporta les mercaderies. Dins d'aquest grup, a causa de les diferències de dimensió empresarial i, en definitiva, de l'operativa de treball, cal distingir dues tipologies:

– Establiments detallistes tradicionals i canal horeco (sector comercial integrat pels establiments d'hostaleria, restauració i servei d'àpats).
– Establiments detallistes organitzats (cadenes d'establiments).

Agents proveïdors

• PEC (paqueteria, *express* i *courier*)

Aquest tipus d'agents transporten documentació i petits paquets en serveis que poden ser de fins a 24 hores segons el tipus de lliurament pactat.

El sector està constituït per grans empreses d'abast multinacional i per un nombrós grup de transportistes autònoms que, en general, treballen subcontractats per aquests grans grups multinacionals.

Els operadors de paqueteria, *express* i *courier,* solen seguir l'esquema logístic de la figura 11.

El procés s'inicia amb la recollida de la mercaderia. Aquesta es fa a punts de lliurament distribuïts per l'entramat urbà o bé a una adreça que especifica el client del servei. L'horari

Figura 11. Cadena logística tipus dels agents de PEC. Font: elaboració pròpia.

de recollida pot ser fins a les 20 h. i la mida de la comanda és petita, tot i que variable (des d'un document fins a un palet). El temps empleat, tant en la recollida com en el repartiment, no sol sobrepassar els cinc minuts. Posteriorment, les mercaderies es porten als centres de consolidació on es fa el grupatge adequat per enviar els productes a destinació. Mitjançant un transport de llarga distància s'arriba al centre de desconsolidació, que és on es fracciona la càrrega en lots per distribuir-los a la ciutat de destí. Cal destacar que aquest tipus de centres (consolidació i desconsolidació) acostumen a estar distribuïts per províncies, propers a un centre de consum. Finalment, el repartiment, se sol fer durant el matí (pot variar en funció del servei, abans de les 10 h. o abans de la 13 h.) i les rutes varien diàriament en funció dels clients.

Cal destacar que tant en la recollida com en el repartiment de les mercaderies, que comprenen el graó urbà de la cadena, els vehicles emprats poden ser des de ciclomotors o turismes fins a furgonetes (<3.500 kg de MMA).

Els principals punts que defineixen la tipologia de servei ofert i que, en definitiva, determinen la seva operativa en l'àmbit urbà són:

- El volum de les mercaderies que es reparteixen és petit i la mida dels paquets també.
- La ruta d'un vehicle comprèn un gran nombre de parades i lliuraments, i varia diàriament en funció dels clients.
- Les rutes de lliurament i recollida són de curta distància, i el temps empleat en cadascuna és molt curt.
- L'operativa és senzilla: consisteix a recollir, lliurar i signar l'albarà.
- Els vehicles utilitzats són petits (<3.500 kg de MMA).
- El repartiment s'acostuma a fer durant el matí.

L'evolució global en el món dels serveis de paqueteria, *express* i *courier*, tendeix cap a una concentració empresarial amb la creació de forts grups d'abast internacional. Les noves tecnologies accentuen cada cop més les possibilitats d'optimitzar les càrregues i les rutes.

Quant al volum de les comandes, el desenvolupament de les tecnologies de la informació marca una tendència cap al minvament dels lliuraments de documentació; no obstant això, el constant creixement del comerç electrònic és probable que faci augmentar les comandes d'aquest tipus.

• Operadors logístics

Els operadors logístics donen servei a les empreses productores que han decidit externalitzar la logística de l'empresa. El grau d'externalització de la logística depèn de cada empresa i pot incloure no només el transport específic, sinó també l'emmagatzematge, la preparació de les comandes i, en alguns casos, altres activitats de valor afegit a les mercaderies (etiquetatge, paletització, envasat, etc.).

En aquest tipus d'operadors, el producte no deixa de ser propietat del productor, i és el mateix fabricant qui fa l'activitat comercial i envia les comandes a l'operador logístic, que adapta els seus serveis a les particularitats de cada client (fabricant).

Els operadors logístics solen seguir l'esquema logístic de la figura 12.

En primer lloc, el fabricant duu a terme la *producció* i posterior *emmagatzematge* al magatzem central, que normalment es troba a la mateixa ubicació on hi ha la factoria, i que proveeix les plataformes de distribució repartides pel territori. El magatzem central pot estar gestionat o no per l'operador logístic.

Posteriorment, un transport de llarga distància distribueix els productes a les plataformes regionals, de forma que disposin de l'estoc necessari de producte per abastir els pols de consum més propers a cada plataforma. Finalment, en el marc de la distribució urbana, es reparteixen les comandes als punts de venda ubicats en el teixit urbà.

Els punts clau que defineixen l'operativa dels operadors logístics en l'àmbit urbà són:

- Els principals clients d'aquest servei són la gran distribució comercial organitzada (alimentació, roba, articles per a la llar, articles d'ús personal, etc.) i el canal horeco.
- Els volums moguts són de dimensió mitjana i reparteixen comandes de mida mitjana (50-100 kg, en l'àmbit urbà).
- Per a cada ruta tenen menys punts de lliurament que els PEC. No obstant, els

Figura 12. Cadena logística tipus dels operadors logístics. Font: elaboració pròpia.

punts de distribució estan menys concentrats i, per tant, les rutes cobreixen distàncies més grans.

– Les rutes s'estableixen setmanalment i els serveis són periòdics (la freqüència varia en funció del consum i les necessitats dels clients).
– El temps de lliurament és més llarg que el que utilitzen els del grup PEC.
– Els vehicles utilitzats són de mida mitjana (5.000-20.000 kg de MMA).
– El servei ofert pels operadors logístics pot incloure serveis complementaris (emmagatzematge, preparació de comandes, gestió de devolucions, *merchandising...*).
– El repartiment s'acostuma a fer durant el matí, tot i que en èpoques determinades també es pot fer a la tarda.

De la mateixa manera que en els operadors PEC, hi ha una marcada tendència a la concentració del mercat d'operadors logístics amb la creació de grans empreses d'àmbit internacional. Un altre factor generalitzat en el sector és la tendència creixent cap a la subcontractació del transport a autònoms.

• **Distribuïdors**

El distribuïdor és l'agent de la cadena que adquireix (compra) productes de diversos fabricants, els concentra en una plataforma i des d'allà en fa la distribució comercial. En aquest cas, la gran diferència amb l'operador logístic és que l'agent és propietari de la mercaderia que distribueix.

L'esquema logístic en què s'emmarquen els distribuïdors és el que es representa a la figura 13.

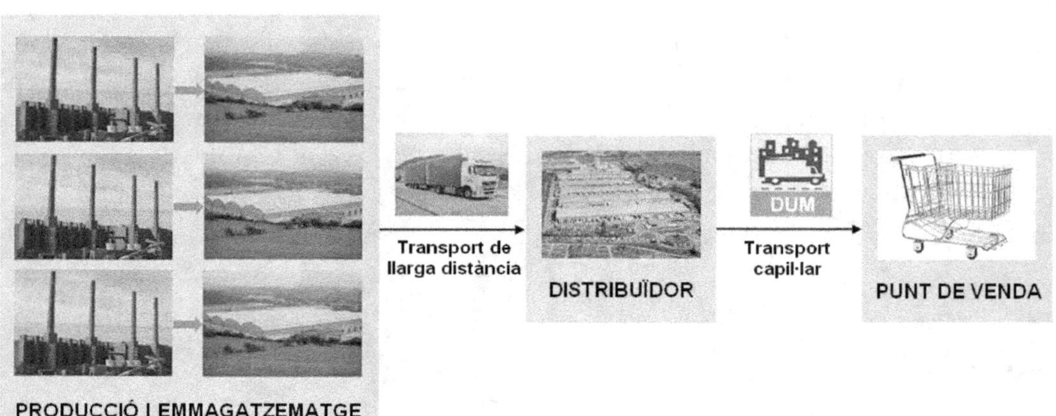

Figura 13. Cadena logística tipus dels distribuïdors. Font: elaboració pròpia.

La cadena s'inicia amb una sèrie de fabricants que venen els seus productes als distribuïdors. A partir d'aquí, el distribuïdor és l'encarregat de fer la tasca comercial per tal de vendre els productes que ha comprat prèviament.

Aquest tipus d'agents se solen adreçar principalment a la distribució comercial organitzada i al canal horeco. L'horari dels lliuraments pot ser de matins (des de les 6 h. fins les 14 h.) i de tardes (entre les 16 h. i les 20 h.). Les rutes de lliurament se solen mantenir constants setmanalment, tot i que depenen de les necessitats dels clients.

Els punts clau que defineixen l'operativa dels distribuïdors en l'àmbit urbà són:

- El distribuïdor compra el producte al fabricant, l'emmagatzema, gestiona les comandes, fa la preparació de comandes, transporta el producte i s'ocupa de la facturació.
- Són uns operadors amb molta implantació en el sector de la distribució de begudes (també amb presència en altres sectors: farmacèutic, electrodomèstics, electrònica, mobles...).
- Des del punt de vista del fabricant, els distribuïdors sovint es fan càrrec de la distribució dels productes dels clients amb menor consum o que es troben en zones allunyades dels nuclis urbans.
- Operen tant amb prevenda com amb autovenda.
- El volum de subcontractació del transport no és tan important com en els altres operadors.
- Els lliuraments són de volum mitjà (50-100 kg), i la mida dels vehicles acostuma a ser mitjana i petita (de 3.500 kg fins a 10.000 kg de MMA).
- Les rutes són llargues i amb força punts de lliurament, tot i que intenten minimitzar les parades i fer la distribució des d'un sol punt quan hi ha una concentració d'establiments.
- Els distribuïdors sovint no es limiten a fer el lliurament sinó que inclouen altres serveis: albarà, *merchandising*, facturació, i, fins i tot, depenent del producte, la instal·lació (mobles, electrodomèstics, etc.).
- El temps que triguen a fer el lliurament és significativament llarg (entre quinze i trenta minuts, i pot ser superior en cas de productes que necessitin instal·lació).
- La freqüència dels lliuraments varia en funció del producte. En el cas de les begudes, per exemple, pot arribar a ser setmanal; mentre que en farmàcies d'entorns metropolitans arriba a ser de fins a quatre lliuraments diaris.

El sector dels distribuïdors presenta la tendència a concentrar empreses i productes. És a dir, cada vegada hi haurà menys empreses distribuïdores que comercialitzaran una major varietat de productes. A més, l'adequació dels vehicles a les característiques del repartiment és també un factor que tendirà a generalitzar-se en un futur.

• Productors

Tot i la tendència generalitzada d'externalitzar part de l'activitat empresarial, i malgrat la creixent diversificació dels serveis logístics, hi ha fabricants que s'ocupen de fer la distribució dels seus productes amb la seva estructura logística.

Hi ha, bàsicament, tres factors que expliquen l'existència de fabricants que controlen i realitzen ells mateixos la distribució dels seus productes:

- El fabricant vol tenir un control total sobre la cadena de distribució.
- La seva estructura és més eficient que la que ofereixen els operadors externs.
- Es tracta d'empreses que no han evolucionat amb les tendències d'externalització de la logística.

És un sector molt heterogeni pel que fa al tipus de producte (begudes, alimentació, electrodomèstics, mobles...). No obstant això, el denominador comú de la majoria de fabricants és el canal de comercialització que es concentra en establiments de distribució comercial organitzada i el canal horeco.

La cadena logística dels productors amb distribució pròpia presenta l'esquema de la figura 14.

Es parteix del centre de producció on sol estar ubicat el magatzem central de la factoria. Mitjançant un transport de llarga distància, que acostuma a ser subcontractat a transportistes autònoms, s'arriba als centres de distribució que l'empresa productora té distribuïts com a delegacions comercials pròximes als principals centres de consum. A partir d'aquí, comença el tram de distribució urbana de la cadena, que va des de la plataforma de distribució fins al punt de venda.

Les principals característiques que defineixen l'operativa dels productors en l'àmbit urbà són:

- Els lliuraments són d'una mida mitjana (25-100 kg).
- Una característica també compartida per la majoria de fabricants és que ofereixen una operativa que inclou tots els serveis: emmagatzematge, venda, preparació de

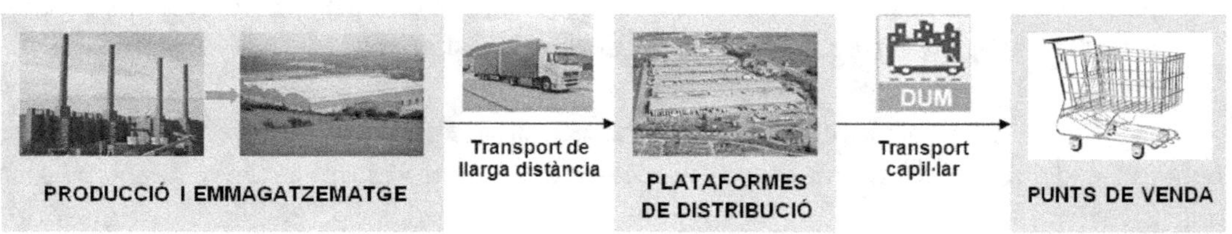

Figura 14. Cadena logística tipus dels productors. Font: elaboració pròpia.

comandes, consolidació de referències i embalatge, transport, facturació, etc. A més, també és característic que les comandes les puguin fer tant amb prevenda com amb autovenda.

– Cal destacar que els lliuraments se solen fer en horari de matí; no obstant, esporàdicament, en èpoques punta, es fan de tarda. Les rutes acostumen a tenir una periodicitat setmanal, tot i que depèn de les necessitats del client.
– El temps per a cada lliurament sol acostar-se als quinze minuts (varia, però, en funció del producte).
– Les rutes són força fixes i significativament llargues (més de 50 km) ja que inclouen molts punts de lliurament.
– L'heterogeneïtat del sector fa que el tipus de vehicle que utilitzen per al repartiment sigui també molt divers (des de 3.500 kg fins a 20.000 kg de MMA).

La tendència de cara al futur és subcontractar la distribució (externalització) a operadors especialitzats que ofereixen cada vegada més serveis a mida de les necessitats del client.

Autoproveïment

• **Establiments propis del detallista tradicional i canal horeco tradicional**

L'autoproveïment del detallista tradicional i el canal horeco és una pràctica molt comú. La compra d'una part o de tota la mercaderia s'acostuma a fer amb un vehicle propi a majoristes, mercats centrals o plataformes del tipus *cash and carry*.

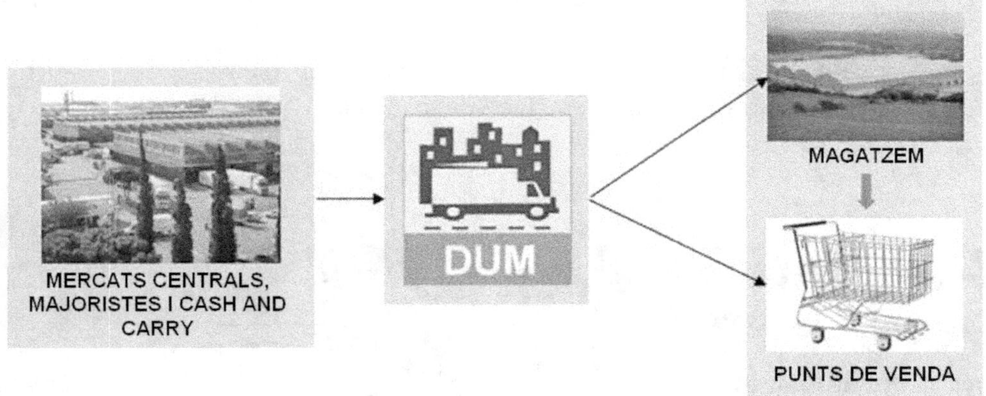

Figura 15. Cadena logística d'autoproveïment del detallista i canal horeco tradicional.
Font: elaboració pròpia.

Les principals característiques d'aquest grup d'operadors són les següents:

– Normalment la freqüència és d'una vegada al dia durant el matí.
– El vehicle utilitzat és de petita dimensió (<3.500 kg de MMA), del tipus turisme comercial o furgoneta.
– Les rutes acostumen a tenir només un origen i una destinació.
– La mercaderia pot emmagatzemar-se al mateix establiment, o bé en un magatzem proper al punt de venda. En algunes ocasions s'arriba a utilitzar, fins i tot, el mateix vehicle com a magatzem (productes frescos).
– Aquests comerciants-operadors es troben amb la dificultat de l'estacionament del vehicle una vegada ja han fet la descàrrega. Aquesta situació desencadena que sovint s'utilitzin les zones de càrrega/descàrrega com a estacionament permanent, i que es faci servir l'espai de càrrega del vehicle com a magatzem.

• **Establiments detallistes organitzats**

Les principals empreses de gran distribució comercial minorista (cadenes de botigues d'alimentació, equipament de la persona, equipament de la llar, etc.) han desenvolupat les seves plataformes i tenen un control total sobre la cadena de distribució en els seus establiments comercials. Cal destacar, però, que rere un esquema on l'estructura de plataformes de distribució i establiments és propietat d'una mateixa empresa, es donen casos en els quals el transport pot ser subcontractat a autònoms i, fins i tot, la gestió de la cadena pot ser externalitzada a un operador logístic. A vegades, alguns d'aquests operadors es creen especialment des de la mateixa empresa productora per gestionar la logística d'un determinat tipus de productes.

Els principals factors que defineixen aquests comerciants-operadors són els següents:

– Aquest tipus d'organitzacions venen el producte, controlen la cadena logística i tenen plataformes d'emmagatzematge i de distribució.

Figura 16. Cadena logística d'autoproveïment dels detallistes organitzats. Font: elaboració pròpia.

– Els lliuraments són de mida gran (>1.000 kg) fins al punt que és freqüent que la càrrega transportada ompli un camió complet.

– Com que el volum és gran, el temps requerit per a l'operació de càrrega/descàrrega és també llarg, al voltant de trenta minuts.

– Els lliuraments són normalment diaris.

– Les rutes poden tenir un únic origen i una única destinació en funció del volum i de l'existència de diversos establiments de la mateixa organització, pot ser habitual fer de dues a quatre parades per ruta.

– Els vehicles que utilitzen són mitjans i grans (des dels 6.000 kg de MMA fins als tràilers).

2.2 Agents que configuren la demanda de serveis logístics

El sector demandant de serveis logístics en àmbits urbans comprèn els punts de destinació final de la mercaderia dins la cadena logística. En una primera classificació dins dels sectors demandants, cal diferenciar entre els establiments empresarials i els domicilis particulars.

Demanda de serveis logístics				PEC	Operadors logístics	Distribuïdors	Productors	Autoproveïment
Establiments empresarials	Establiments comercials	Distribució comercial	Canal horeco		x	x	x	x
			Organitzada	Alimentació/ supermercat		x		x	x
				Equipament de la persona	x	x	x	x	x
				Equipament de la llar		x	x	x	x
			Tradicional			x	x	x
		Centres de treball		x				
	Establiments industrials				x		x	x
Domicilis particulars				x				x

Taula 7. Principals sectors demandants de serveis logístics. Font: elaboració pròpia.

Establiments empresarials

Dins aquests establiments distingim, a causa de la diferenciació d'operatives i rol que ocupen a la cadena, els establiments pròpiament comercials i els que són de tipus industrial.

• Establiments comercials

Cal diferenciar en aquest apartat:

- El canal horeco.
- La distribució comercial organitzada.

  - Alimentació i supermercats.
  - Equipament de la persona.
  - Equipament de la llar.

- La distribució comercial tradicional.
- Els centres de treball i empreses de serveis.

Canal horeco

El canal horeco correspon als establiments d'hostaleria, restauració, bars, hotels, pubs, etc. Es tracta d'un sector dominat per empreses petites i de caràcter familiar, tot i que cada vegada més s'han començat a desenvolupar grups que aglutinen cadenes d'establiments.

Com que la superfície d'emmagatzematge d'aquest tipus d'establiments acostuma a ser mínima, la reposició dels productes s'ha de fer amb més freqüència.

En el canal horeco cal distingir l'operativa que realitzen els proveïdors i la que es realitza mitjançant l'autoproveïment.

- *Proveïment mitjançant tercers dels establiments horeco*
  Els principals proveïdors dels establiments del grup horeco són els distribuïdors, els operadors logístics i el propi productor de determinats productes amb mitjans propis. L'operativa presenta les següents característiques:

  - Els vehicles que s'utilitzen per proveir aquest tipus d'establiments són de mida petita i mitjana (3.500-10.000 kg de MMA). Els paquets són de volum mitjà (50-100 kg).

– El servei inclou el lliurament, la càrrega del producte de retorn i la facturació.
– Els establiments horeco tenen recepció de mercaderia una o dues vegades per setmana per cada proveïdor. L'horari de lliurament acostuma a ser al matí, i l'operativa sol tenir una durada que oscil·la al voltant de quinze minuts per establiment.

– *Autoproveïment dels establiments horeco*
L'operativa d'autoproveïment presenta les següents característiques:

– Es fa majoritàriament amb vehicles petits (<3.500 kg de MMA), sobretot en el cas dels establiments tradicionals. Els paquets són de volum mitjà (50-100 kg).
– L'autoproveïment pot arribar a ser en alguns casos diari, generalment durant el matí. Normalment el punt de compra és un *cash and carry* o bé un mercat majorista. L'operativa de càrrega i descàrrega no sol excedir els quinze minuts.

El canal horeco ha experimentat en els darrers anys un important creixement a causa d'una major demanda d'aquest tipus de servei. La tendència és que continuï posicionant-se com un important segment de consum de productes alimentaris. És probable que el creixement del sector desemboqui en una major importància dels proveïdors (en detriment de l'autoproveïment), els quals cada vegada tindran un ventall de productes més ampli i, en definitiva, conformaran un mercat més concentrat.

Distribució comercial organitzada

El concepte de *distribució comercial organitzada* és un concepte molt ampli que inclou tipologies de productes diferents. Aquestes tipologies originen operatives diverses i es poden classificar en tres grups: alimentació i supermercats, equipament de la persona i equipament de la llar.

– *Alimentació i supermercats*
El sector de la distribució comercial organitzada està dominat pels grans grups empresarials dedicats a la distribució detallista, que ha experimentat en els darrers anys una concentració empresarial.
En aquest sector domina l'autoproveïment que fan les empreses de distribució comercial des de les seves plataformes fins a cadascun dels establiments de la seva cadena. Hi ha, però, alguns productes que són distribuïts als establiments pel seu mateix fabricant o per un operador logístic que treballa per a un fabricant.
En aquest cas cal distingir també les característiques dels serveis que realitzen els proveïdors dels serveis d'autoproveïment.

Proveïdors
- El proveïment es fa a través d'operadors logístics o amb els mitjans del mateix fabricant.
- La dimensió del vehicle de transport depèn de les necessitats del lliurament (3.500-20.000 kg de MMA).
- Els serveis que presten els proveïdors a un establiment de distribució comercial organitzada són el lliurament, la signatura de l'albarà i, en algun cas, serveis de *merchandising*.
- El proveïment acostuma a ser diari durant la franja horària del matí, generalment abans de les 10 h. L'operativa pot durar entre quinze i trenta minuts.

Autoproveïment
- L'autoproveïment dels establiments de distribució comercial organitzada es fa amb vehicles de mitjà i gran volum (superiors a 6 t i, fins i tot, a vegades, entre 20 t i 40 t de MMA).
- El volum que es descarrega pot arribar a ser superior als 1.000 kg.
- Depenent del tipus d'establiment, del consum i de l'espai per a l'emmagatzematge, el transport de producte sec es fa una vegada al dia, mentre que el transport de producte perible necessita més lliuraments.
- Aquest transport té lloc a primeres hores del matí o al vespre. L'operativa no sol durar menys de trenta minuts.
- Empreses com Mercadona i Condis han incorporat a la seva operativa l'autoproveïment en hores vall (incloses les nocturnes), a causa de l'estalvi de temps i l'optimització de la cadena.

En general, el sector tendeix cap a la concentració empresarial, i el supermercat de proximitat és el format que més quota ha guanyat en els darrers anys. La tendència en aquest sector està marcada per un augment del volum d'autoproveïment des de la plataforma de distribució, en comptes de l'arribada de diferents proveïdors al punt de venda. Així doncs, cada cop més els proveïdors han d'anar a les plataformes logístiques dels grans distribuïdors comercials on, a més, tenen finestres horàries de lliurament reduïdes.

Un fet destacable que incideix a les freqüències d'enviament des de la plataforma als establiments és que el fort increment del preu del sòl a les àrees urbanes ha provocat que la superfície d'emmagatzematge es redueixi molt i que, per tant, la necessitat de rebre productes diàriament s'accentuï.

- *Equipament de la persona*
  Aquest grup inclou els sectors tèxtil, farmacèutic, perfumeria, etc. Els establiments d'aquest sector treballen amb molt poca superfície de magatzem, i la tipologia de productes que reben sol ser de petit volum.

Proveïdors
Els proveïdors dels establiments de distribució comercial organitzada del sector de l'equipament de la persona són principalment els operadors PEC, els distribuïdors i els fabricants que treballen amb mitjans propis.
– Els vehicles de treball són de baix tonatge (3.500 kg de MMA) i l'operativa és silenciosa i ràpida (inferior a cinc minuts).
– El servei inclou el lliurament i la signatura de l'albarà.
– Els lliuraments són de pocs embalums (màxim cinc) i de poc pes (<50 kg).
– La distribució és diària, tot i que el dilluns acostuma a ser el dia de més activitat.

Autoproveïment
– El transport es fa amb mitjans propis de l'empresa propietària dels establiments.
– Els vehicles són de mida mitjana/gran (>6.000 kg de MMA) i l'operativa és llarga (trenta minuts).
– Els lliuraments són pesants (>300 kg) i la seva freqüència és variable.
– Empreses com Inditex han incorporat la distribució nocturna en els seus establiments, ja que d'aquesta manera es poden tenir els lineals preparats quan entra el primer client a l'establiment comercial.

– *Equipament de la llar*
El sector d'equipament de la llar inclou productes com mobles, electrodomèstics, etc., fet pel qual acostuma a tractar amb productes de gran volum.
El sector està dominat per empreses de mida mitjana dedicades a la distribució detallista.
Els establiments comercials d'aquest sector acostumen a tenir superfície d'emmagatzematge en el mateix establiment comercial, tot i que hi ha una marcada tendència que les botigues siguin lineals d'exposició, i la mercaderia s'acaba enviant a domicili des dels centres de distribució. Aquesta tendència s'explica, en part, per l'encariment del preu del sòl urbà en els darrers anys i pel gran volum que ocupen aquest tipus de productes.

Proveïdors
El grup de proveïdors del sector de l'equipament de la llar està format per distribuïdors, per operadors logístics i per fabricants que transporten ells mateixos la mercaderia.
– Els vehicles són de mida mitjana (3.500-20.000 kg de MMA).
– Les remeses són de gran volum (50-300 kg) i, en conseqüència, l'operativa de càrrega i descàrrega és llarga (trenta minuts).
– La freqüència pot arribar a ser d'un o dos lliuraments diaris.

Autoproveïment
– Els vehicles són de mida mitjana i gran (>6.000 kg de MMA).
– Les remeses són de gran volum i pes (>300 kg), fet pel qual l'operació de càrrega/descàrrega és llarga (trenta minuts).
– L'horari és variable, ja que depèn de les necessitats d'estoc. S'acostuma a fer un lliurament al dia com a màxim.

Distribució comercial tradicional

Aquest grup de la demanda està constituït per les petites empreses del sector comercial, sovint de caràcter familiar, com ara la botiga tradicional, la parada d'un mercat, etc.

En aquest grup d'establiments s'inclouen tots els tipus de sectors, des dels productes peribles fins al sector tèxtil.

En general, aquest tipus d'establiments tenen un important component d'autoproveïment a través de mercats majoristes o plataformes del tipus *cash and carry*. L'autoproveïment pot arribar a ser diari en funció de les necessitats i l'operativa de càrrega/descàrrega i no sol excedir els quinze minuts. Els vehicles emprats per a l'operativa acostumen a ser de petita dimensió (<3.500 kg de MMA).

Tot i que en menor mesura, els distribuïdors i els productors també proveeixen de mercaderies aquest tipus d'establiments. Aquest tipus d'agents utilitzen vehicles de mida petita i mitjana (3.500-10.000 kg de MMA). El temps emprat en l'operativa pot anar de quinze a trenta minuts, en funció del grau d'autovenda i prevenda de cada proveïdor.

En ambdós casos el proveïment es fa en horari de matí.

Centres de treball i empreses de serveis

L'activitat comercial de les empreses incloses en aquest sector de la demanda no es correspon amb la venda de productes tangibles, sinó amb la venda de serveis intangibles. Formen part d'aquest grup els despatxos de professionals, els bancs, les agències de viatges, les companyies d'assegurances, etc.

Són sectors d'activitat que mouen documents i petita paqueteria, és a dir, productes de molt poc volum i que es consumeixen de forma immediata, sense requisits d'emmagatzematge.

No cal dir que els proveïdors d'aquest sector són els operadors del grup PEC. Tal com ja s'ha comentat en l'apartat dels operadors, aquest tipus de productes es reparteixen amb vehicles petits (<3.500 kg de MMA, i fins i tot de dues rodes), que operen a qualsevol hora del dia i fan parades molt breus (inferiors a cinc minuts), per la qual cosa no generen pertorbacions importants en el trànsit.

• Establiments industrials

Tendència a escala regional

En els darrers anys, l'estructura econòmica metropolitana ha viscut a escala regional i també internacional un procés de relocalització de les seves activitats.

A escala regional, aquest procés de relocalització ha consistit bàsicament en la sortida de les activitats més incompatibles amb la ciutat, consumidores de sòl i amb especials necessitats d'accessibilitat des de les àrees urbanes més densificades, a espais on l'oferta de sòl és més abundant i més barata, però també on l'accessibilitat és major i on es maximitza l'eficiència de funcionament del conjunt del sistema productiu. Com a resultat, l'activitat ha tendit a estendre's sobre el conjunt del territori, de manera que en l'actualitat es troba més homogèniament repartida entre els municipis.

En el cas de la regió metropolitana de Barcelona, aquest procés de relocalització ha fet que les activitats industrials perdin pes en els principals nuclis urbans (el conjunt del Barcelonès, Sabadell, Terrassa, Sant Quirze), tot abandonant aquelles àrees que han deixat d'oferir avantatges de localització, ja sigui perquè disposen de menys espais adaptats a les necessitats específiques o bé perquè la xarxa de transport està saturada i les possibilitats d'accés s'han reduït.

En el procés esmentat de relocalització, cal destacar, a més, que el desplaçament de les activitats industrials de les principals ciutats cap a la resta del territori es basa, des de la dècada de 1960, en el model de polígons industrials. Aquestes instal·lacions disposen de més espai, estan concebudes especialment per a l'activitat productiva que s'hi instal·la i s'ubiquen fora de les trames urbanes existents. El manteniment durant les dècades següents de la pauta esmentada de relocalització de les activitats industrials, que aprofiten les rendes diferencials al mateix temps que alliberen sòl a l'interior de les àrees urbanes més congestionades, ha afectat especialment els municipis vallesans i del Baix Llobregat.

La distribució urbana de mercaderies en àmbits urbans per activitats industrials

Tot i la tendència observada en la relocalització de l'activitat industrial a zones que ofereixen millors condicionants de servei i d'accessibilitat, encara hi ha un nombre destacable d'activitats ubicades en la trama urbana i que, per tant, interactuen diàriament en la distribució urbana de mercaderies.

Els establiments industrials esmentats conformen diàriament una demanda, tant de proveïment de la matèria primera per dur a terme el procés productiu en qüestió com de distribució per portar als seus clients els productes fabricats.

El vehicle utilitzat, tant pel que fa al proveïment com pel que fa al repartiment, és molt divers (des de 3.500 kg fins a 20.000 kg de MMA). Això s'explica, en part, per la gran heterogeneïtat de sectors industrials a què s'adreça aquest sistema de distribució.

Cal destacar que els lliuraments se solen fer en horari de matí i amb un elevat grau de planificació. Tant les rutes de proveïment com les de distribució acostumen a tenir una periodicitat setmanal, tot i que dependrà de les necessitats de cada cadena.

Domicilis (particulars)

La distribució de mercaderies a domicili té dues formes fonamentals d'integrar-se dins la cadena de subministrament:

– Graó addicional que s'afegeix a la cadena logística una vegada la mercaderia ha arribat a l'establiment comercial.
– Transport de mercaderies que no passa per cap establiment detallista, sinó que es fa directament des d'un magatzem o plataforma al domicili.

Tant en un cas com en l'altre, el repartiment a domicili suposa augmentar l'impacte sobre la mobilitat del caràcter capil·lar de la distribució urbana de mercaderies. D'una banda, perquè, tal com s'ha dit, pot esdevenir un altre segment en el transport (trajecte des de l'establiment al domicili); però sobretot perquè aquest fenomen converteix qualsevol punt de la ciutat en una potencial destinació de mercaderies.

L'origen d'una distribució de mercaderies a domicili pot ser de dos tipus, en funció de com es realitza la comanda:

– *Servei a domicili,* en el qual la compra es fa mitjançant una trucada telefònica o de forma presencial a l'establiment.
– *B2C (business to consumer),* és a dir, el comerç electrònic de les empreses amb els particulars. Aquest servei té un elevat potencial i un gran recorregut a llarg termini en segments que compten amb una gran distribució comercial organitzada, com per exemple, els supermercats i les cadenes d'alimentació.

Cal assenyalar que existeixen grans diferències entre el servei tradicional a domicili i la distribució comercial a través del *B2C:*

• El *B2C* requereix que un operari prepari la comanda, mentre que en el servei a domicili tradicional la comanda la fa el mateix client a l'establiment.
• En el transport *B2C* de la distribució comercial organitzada hi ha dues estratègies:

  – El transport es fa directament des de la plataforma central de fora del nucli urbà.
  – El transport es fa des d'alguns dels establiments que la cadena té a la ciutat.

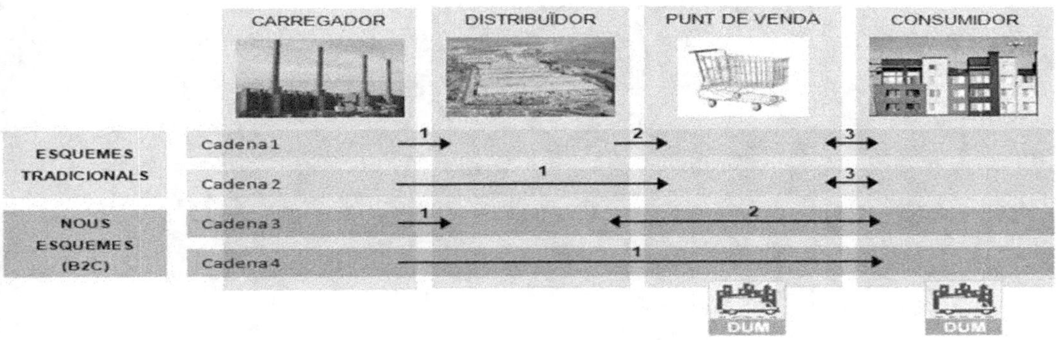

Figura 17. Cadenes logístiques a domicili. Font: elaboració pròpia.

A més de la distribució comentada, també es distribueixen a domicili productes de gran volum com els mobles i els electrodomèstics. La distribució d'aquests productes inclou, en la majoria de casos, el servei d'instal·lació, cosa que comporta que la duració del lliurament sigui més prolongada en el temps (entre trenta i seixanta minuts). La mida dels vehicles utilitzats pot variar entre les furgonetes de 3.500 kg de MMA i els camions mitjans de 15.000 kg de MMA.

Part II

La logística urbana, visió pràctica

L'optimització dels processos de la logística urbana (circulació de mercaderies, operativa de càrrega i descàrrega, lliuraments a domicili, etc.) s'ha convertit en els darrers anys en una eina fonamental de les empreses per assegurar l'eficiència i la fiabilitat de les cadenes logístiques en un entorn on, cada vegada més, es tendeix a la congestió i a l'increment dels índexs de contaminació (ambiental i acústica) a les ciutats.

Des del punt de vista de les administracions municipals, el correcte funcionament i desenvolupament de la distribució urbana se sustenten sobre dos conceptes bàsics i estratègics que han d'anar de la mà: la gestió i la infraestructura.

Pel que fa a la gestió, la distribució urbana de mercaderies implica per als ajuntaments disposar d':

- **Estratègia normativa**
  Com tota activitat que es duu a terme a la via pública, la distribució urbana de mercaderies requereix una normativa que la reguli i n'asseguri la convivència amb altres activitats que es desenvolupen diàriament a l'entramat urbà.

- **Estratègia d'informació**
  La informació contribueix de forma notable a optimitzar la gestió de la distribució urbana de mercaderies. Des de la visió de l'agent públic, la informació ajuda a comunicar als usuaris (agents privats) quina és la normativa que s'ha de complir (tant amb butlletins informatius com amb la senyalització).

  Amb referència a l'agent privat, el desenvolupament de les tecnologies de la informació ha tingut un fort impacte en les seves tasques diàries, cosa que ha contribuït a incrementar l'eficiència de la seva operativa.

  Finalment, cal assenyalar que la informació/comunicació entre agents públics i privats (concertació) és bàsica i necessària per assegurar un marc futur que respongui a les necessitats, tant de la ciutat com dels agents privats que hi operen.

- **Estratègia de seguiment de l'operativa**
  El seguiment, tant policial com mitjançant les noves tecnologies, assegura el compliment de les normatives aplicades.

- **Estratègia de gestió de la capacitat**
El transport de mercaderies conviu diàriament amb el de passatgers i, en concret, amb els vehicles privats que utilitza massivament un percentatge elevat de la població a determinades hores del dia. Aquest fet provoca que a les carreteres d'accés a les ciutats es produeixin retencions freqüents. La introducció de mesures de gestió destinades a aprofitar millor la capacitat de les vies d'accés a les ciutats podria contribuir, decisivament, a una millor ordenació del trànsit de passatgers i mercaderies en el conjunt de les franges horàries disponibles.

- **Estratègia de sostenibilitat**
En els darrers anys, el volum de les mercaderies mogudes en àmbit urbà ha experimentat un important creixement que ha estat influenciat, en gran part, per l'augment de la població i la major demanda de consum. Aquest fet ha contribuït a accentuar la congestió en àmbits urbans i a l'empitjorament de la qualitat de l'aire de les ciutats. La incorporació de vehicles respectuosos amb el medi ambient es presenta per als propers anys com una eina que contribuirà a garantir la sostenibilitat del transport de mercaderies en àmbit urbà.

Tipus d'estratègia	*Acció*	*Agent implicat*	
		Públic	*Privat*
Normativa	Ordenances municipals.	x	
	Mobilitat i planejament urbanístic.	x	
Informativa	Mapes de transport de mercaderies.	x	
	La tecnologia com a font de millora de la informació.	x	x
	Senyalització.	x	
De seguiment de l'operativa	Disciplina viària (control policial i sanció).	x	
	Càmeres de control d'accés.	x	
De gestió de la capacitat (de la xarxa i del vehicle)	Lliuraments en hores vall (nocturnes o no).	x	x
	Taxes a la circulació urbana.	x	
	Regulació i restricció d'accessos.	x	
	Aprofitament de la capacitat del vehicle.	x	x
De sostenibilitat	Vehicles amb menys emissions.	x	x
	Vehicles amb menys impacte acústic.	x	x

Taula 8. Accions de gestió de la logística urbana. Font: elaboració pròpia.

- **Millora i desenvolupament d'infraestructures**

  Pel que fa a la infraestructura, la distribució urbana de mercaderies en fa necessària la seva millora i desenvolupament. Una activitat com la distribució urbana de mercaderies, que genera diàriament a les ciutats milers de desplaçaments, requereix una infraestructura que l'aculli i en faciliti l'operativa dels seus usuaris. Així doncs, són importants tant les accions que contribueixin a millorar les infraestructures actuals (zones de càrrega i descàrrega, carrils o vials dedicats, etc.) com la recerca de nous models de funcionament que incorporin noves infraestructures dedicades (centres de consolidació urbana, consignes, etc.).

Tipus d'estratègia	*Acció*	*Agent implicat*	
		Públic	*Privat*
Millora i desenvolupament d'infraestructures	Disseny/implantació de zones de càrrega i descàrrega.	x	
	Centres de consolidació urbana.	x	x
	Optimització de lliuraments sense presència del destinatari.	x	x

Taula 9. Accions d'infraestructura de la logística urbana. Font: elaboració pròpia.

1　Estratègia normativa

1.1　*Ordenances municipals*

- **Descripció i objectius**

Es tracta d'una actuació transversal que consisteix a establir una normativa que reguli la distribució urbana de mercaderies. Les ordenances són, de fet, l'expressió normativa de les «bones pràctiques» que haurien de regir les activitats dels agents implicats en la distribució urbana de mercaderies.

L'objectiu fonamental de les ordenances municipals en l'àmbit de la logística urbana és el de recopilar en un text les normes que en regulen el funcionament, amb la finalitat de formalitzar-les jurídicament i publicar-les per al coneixement dels agents que hi intervenen.

• Avantatges i inconvenients

Entre els avantatges de la mesura, destaquen:

- L'esforç en la redacció d'ordenances per part d'un municipi, emmarcades en el context de la logística urbana, posa la base per a una futura millora de la gestió municipal de la distribució urbana de mercaderies.
- Les ordenances municipals constitueixen el suport legal a la forma en què es regula la distribució urbana de mercaderies des de l'administració pública.
- La confecció o modificació de les ordenances permet la concertació amb els agents implicats, fet que n'afavoreix el compliment.

Entre els inconvenients de la mesura, destaquen:

- La potestat que té cada municipi per redactar les seves pròpies ordenances desemboca a vegades en diferències normatives destacables entre municipis propers. Aquest fet dificulta que els agents proveïdors de serveis logístics coneguin les normes de la distribució urbana.
- El fet que les ordenances municipals descriguin de forma detallada quin ha de ser el funcionament de la distribució urbana de mercaderies fa que siguin documents extensos, i que es creï un efecte dissuasiu cap a la seva lectura entre el públic objectiu.

• Recomanacions

- *Simplicitat i exhaustivitat.* Les ordenances han de ser de fàcil comprensió i no deixar res per concretar per tal d'evitar la possibilitat de deixar marges d'interpretació al criteri dels usuaris o de la policia municipal.
- *Concentració de la normativa.* En els casos en què hi hagi una dispersió de normes, és recomanable ajuntar-les totes en un nou i únic text.
- *Harmonització en l'àmbit supramunicipal.* Per facilitar la comprensió de la normativa, és molt recomanable que hi hagi una harmonització a un mateix nivell funcional, dins d'una mateixa àrea o regió metropolitana, per exemple. La diversitat de normes entre municipis fa molt difícil als agents conèixer a fons la normativa que aplica cadascun.
- *Concertació amb els agents implicats.* És molt important que en la redacció o modificació de les ordenances hi hagi un procés de concertació amb tots els agents implicats (transport, comerç, veïns i ajuntament) per tal de tenir en compte les necessitats presents i futures que afecten cadascun d'aquests agents.

– *Difusió.* Després d'aprovar una normativa és necessari difondre-la, una tasca que es pot fer de forma reglada (publicació i senyalització) o mitjançant altres mètodes, com les reunions explicatives amb els agents implicats. Seria desitjable que es redactés un document reduït i que, a mode de resum, informés sobre les normes bàsiques que són d'obligat compliment per als agents que operen en un àmbit (per exemple, a l'Àrea Metropolitana de Barcelona –AMB–).

– Els continguts de les normatives solen ser d'àmbit global i acostumen a descriure:

- Els vehicles autoritzats a estacionar a la via pública.
- Les delimitacions existents de pes i dimensions.
- La delimitació dels espais on es permet la càrrega i la descàrrega.
- Els usuaris autoritzats a utilizar les zones de càrrega i descàrrega expressament senyalitzades (horaris, temps màxim d'estacionament, distintius, etc.).
- El procediment operatiu i administratiu per als serveis especials (combustibles, mudances, etc.).
- L'obligació de realitzar les operacions a l'interior del local sempre que reuneixi les condicions adients.
- La normativa referent als límits d'emissions sonores segons l'horari (ordenança de sorolls i vibracions).
- Les sancions aplicables.

Figura 19. Moll de càrrega i descàrrega a Venècia.

CAS 1. ORDENANCES MUNICIPALS:
CONTROL DE CONTAMINACIÓ ACÚSTICA (CATALUNYA)

Objectius	Assegurar la qualitat de vida dels ciutadans, tant de dia com de nit. De nit, el principal objectiu de l'ordenança és el de garantir el descans de la població.

Descripció

Ordenança Municipal «Tipus» Reguladora del Soroll i les Vibracions (àmbit de Catalunya): va ser aprovada l'octubre de 1995 (DOGC 2126), i pot ser adoptada pels municipis íntegrament o adequada a les seves peculiaritats i necessitats.

– Article 9. Valors guia d'immissió:

	Immissió a l'ambient exterior		Immissió a l'ambient interior	
Sensibilitat acústica	*Període diürn*	*Període nocturn*	*Període diürn*	*Període nocturn*
Zona A (alta)	60	50	30	25
Zona B (moderada)	65	55	35	30
Zona C (baixa)	70	60	40	35

Nota. El període diürn és de 7 h. a 22 h. i el nocturn de 22 h. a 7 h. (dades en decibels).

– Secció III, treballs a la via pública i a l'edificació (article 35): es prohibeixen les activitats de càrrega i descàrrega de mercaderies, manipulació de caixes, contenidors, materials de construcció i objectes similars entre les 22 h. i les 8 h., quan aquestes operacions superin els valors guia d'immissió que estableix l'article 9 i afectin zones d'habitatges i/o residencials. És preceptiva l'autorització municipal expressa per a les activitats que justifiquin tècnicament la impossibilitat de respectar els valors.

Tipus de regulació	*Àmbit*	*Nivell mín. immissió**	*Nivell màx. immissió**	*Horari prohibit c/d*	*Negociació*	*Comentari*
Ordenança General del Medi Ambient Urbà	Barcelona	50 dB(A)	65 dB(A)	22 h. a 7 h.	Modificació amb autorització municipal.	Exigeix conscienciació del personal per part de titulars.
Ordenança de sorolls i vibracions	Sant Feliu de Llobregat	45 dB(A)	50 dB(A)	21 h. a 8 h.	Terminantment prohibit.	Exigeix cura a la resta de la jornada laboral i s'exclou operacions de recollida d'escombraries i repartiment de queviures.
	Castellbisbal	50 dB(A)	60 dB(A)	21 h. a 8 h.	Autorització municipal si es demostra la capacitat tècnica de respectar els valors establerts.	Excloses activitats de servei públic, de neteja i recollida d'escombraries.
Ordenança municipal reguladora de contaminació acústica	Sant Boi de Llobregat	35 dB(A)	60 dB(A)	22 h. a 7 h.	Terminantment prohibit.	Excloses tasques de servei públic i activitat en zona industrial.

*Que sigui mínim o màxim dependrà de la zona, coincidint normalment el màxim amb les zones industrials.

Més informació	Ajuntament de Barcelona (www.bcn.cat). Generalitat de Catalunya (www.gencat.cat).

Cas 2. *Clean Urban Logistics* a Venècia (Itàlia). Modificació normativa

Objectius	Mitjançant aquest projecte, es persegueix: – Crear un sistema d'informació accessible via web per a la gestió dels espais d'aparcament temporals i permanents als canals de Venècia. – Millorar l'eficiència i efectivitat en la gestió dels espais d'aparcament de barques, temporals i permanents, a través de la creació d'un sistema d'informació a través d'un lloc web, el qual integra informació administrativa (peticions, autoritzacions, etc.) i aporta suport als reguladors de la circulació i del trànsit de barques durant situacions ordinàries i extraordinàries. D'aquesta manera es gestiona de forma controlada les places d'aparcament i s'obté un impacte positiu en els fluxos de trànsit en els canals de Venècia.
Descripció	Per a la implementació del projecte se segueix el següent procés: – Anàlisi de l'ús actual dels embarcadors. – Actualització de les restriccions d'ús dels embarcadors per als diferents tipus de barques i segons l'horari. – Identificació dels embarcadors que estan destinats a càrrega i descàrrega dins l'horari fixat. – Identificació dels embarcadors que poden ser usats temporalment. – Gestió del permisos per a l'ús temporal dels embarcadors durant els treballs de construcció i/o restauració. – Gestió/aprovació de normatives per regular el nou ús dels embarcadors. – Desenvolupament d'un nou sistema de gestió de l'aparcament i integració amb la resta de sistemes d'informació. El nou sistema d'informació per a la gestió dels aparcaments suposa: – Reduir les possibilitats de conflicte entre barques per a l'ús del mateix embarcador al mateix temps ja que la reserva es fa per franges horàries. – Reduir el temps d'espera per a l'obtenció de permisos per l'aparcament. – Eliminar les possibilitats que l'ús d'embarcadors temporals afecti negativament serveis importants (com els d'emergència) i reduir les obstruccions de trànsit. – Permetre als ciutadans usar les barques personals per a negocis i aparcar-les en els embarcadors per a períodes extensibles de dues hores. – Aportar constant informació perquè es puguin planificar mesures de control del trànsit de barques i reduir, així, les congestions, el soroll i la contaminació.
Més informació	Ajuntament de Venècia (www.comune.venezia.it). Civitas (www.civitas-initiative.org).

CAS 3. MILLORA DE LA DISTRIBUCIÓ URBANA DE MERCADERIES A GÈNOVA (ITÀLIA). NORMATIVES *AD HOC* PER ZONA

Objectius	– L'objectiu fonamental d'aquesta mesura és crear una alternativa al concepte de la distribució de mercaderies que tingui menys influència sobre la vida dels ciutadans i menys impacte ambiental. – Reduir les congestions de trànsit i la contaminació generada pel flux de mercaderies. – Optimitzar la recollida i el procés de repartiment mitjançant la participació directa dels agents interessats.
Descripció	La mesura s'implementa amb una sèrie d'iniciatives coordinades i adaptables a les característiques i necessitats singulars de l'àrea que es vol regular: – Creació d'un «sistema de crèdits de mobilitat», a través del qual s'obliga als vehicles de mercaderies que volen accedir a la zona regulada a pagar una determinada quantitat de «crèdits». Aquests són distribuïts per l'administració pública a totes les activitats econòmiques de la zona. – Construcció d'un o més magatzems de proximitat (on la petita mercaderia pot ser emmagatzemada temporalment) per desencoratjar els comerciants d'usar el seus propis vehicles per al transport de mercaderies als establiments. – Introducció d'un servei de furgonetes d'ús compartit *(van-sharing)* dedicat al transport de mercaderies. – Elaboració d'una normativa unitària i específica per regular l'accés de vehicles comercials dins de les àrees que s'han de regular. Els resultats que s'esperen amb aquesta mesura són els següents: – Es preveu una reducció del trànsit de vehicles comercials a l'àrea regulada d'un 15 a un 20 %. – Millora dels nivells de congestió als carrers i reducció d'emissions contaminants. – Implicació per part dels comerciants que actualment usen els seus propis vehicles per al transport de mercaderies. – Beneficis econòmics derivats de les noves normatives d'accés a les zones controlades.
Més informació	Ajuntament de Gènova (www.comune.genova.it). Civitas (www.civitas-initiative.org).

CAS 4. PRIORITAT ALS «VEHICLES NETS» A NORWICH (REGNE UNIT)

Objectius	– Incrementar la proporció de vehicles destinats al transport urbà de mercaderies que compleixin uns nivells estàndard predeterminats d'emissions. – Afavorir el treball dels operadors de mercaderies que respectin els principis de transport urbà «net» per tal de fomentar les «bones pràctiques» a l'àrea de Norwich.

Descripció	*Fases completades*
	
	– En un principi, el projecte es va centrar a determinar els operadors de transport de mercaderies interessats. Això ha implicat:
	
	  - Crear un lloc web on s'exposi i s'expliqui el projecte i publicar anuncis a les revistes especialitzades en logística.
	  - Contactar amb set-cents agents implicats, tant locals com nacionals, suggerint que visitin el lloc web.
	  - Un formulari de resposta per tal que els agents implicats puguin expressar la seva opinió, interès o suggeriments.
	
	– També s'ha realitzat un estudi de carrils bus existents a Norwich i s'ha identificat una sèrie de qüestions que s'haurien de millorar.
	
	Properes fases
	
	– Els vehicles destinats al transport de mercaderies que compleixin els estàndards predeterminats de «vehicle net» estaran autoritzats a circular pels carrils de transport col·lectiu. S'implementarà un projecte de proves en una proporció encara indeterminada dels carrils de transport col·lectiu en zona urbana.
	
	– L'associació de comerciants limitarà el nombre de vehicles amb permís per usar els carrils amb prioritat, tot i que es calcula que la xarxa actual de carrils bus té capacitat suficient per a la demanda de vehicles de mercaderies de més de 7,5 t.
	
	– Els vehicles més petits de 7,5 t es consideren ineficients en consum de combustible per tona de mercaderia transportada i, per tant, no podran beneficiar-se d'aquesta mesura.
	
	– Es realitzarà una identificació de les rutes estratègiques més utilitzades.
	
	Resultats esperats
	
	– Demostrar que l'extensió de l'ús dels carrils prioritaris pot ajudar al sistema de transport urbà de mercaderies i també incentivar l'ús de vehicles menys contaminants.

Més informació	Ajuntament de Norwich (www.norwich.gov.uk). Civitas (www.civitas-initiative.org).

1.2 *Mobilitat i planejament urbanístic*

• Descripció i objectius

La pràctica urbanística tradicionalment no ha incorporat la distribució urbana de mercaderies a les seves iniciatives de planejament tal com ha fet amb altres vectors territorials: habitatge, activitats econòmiques, espais verds, etc.

Darrerament, però, les autoritats municipals estan prenent consciència de l'impacte positiu que una acurada gestió de la distribució urbana de mercaderies té sobre la circulació de la ciutat. Per aquesta raó, cada cop es té més en compte en el planejament, especialment pel que fa referència a les noves àrees d'urbanització i als espais de rehabilitació, de substitució d'usos o de reforma interior.

L'objectiu principal que es persegueix amb aquesta acció és el d'utilitzar la capacitat d'intervenció integral de l'urbanisme per modelar la ciutat de manera que el transport de mercaderies en l'àmbit urbà es pugui desenvolupar eficientment i es minimitzi el seu impacte sobre el trànsit de la ciutat.

• Avantatges i inconvenients

Entre els avantatges de la mesura, destaquen:

– El fet de no deslligar la planificació urbanística i comercial del seu impacte sobre la mobilitat contribueix a optimitzar-la, tant des del punt de vista de la distribució urbana de mercaderies com pel que fa a la mobilitat de les persones.

Entre els inconvenients de la mesura, destaquen:

– La manca d'una base de dades fiable referent als desplaçaments de mercaderies que transiten per la ciutat i el fet que la font que els origina en dificulta la planificació.

• Recomanacions

El planejament urbanístic és l'eina que pot marcar el grau d'importància que es dóna a la distribució urbana de mercaderies dins de les actuacions urbanístiques. Això es pot fer mitjançant diferents procediments:

– Incorporar el factor la distribució urbana de mercaderies en els estudis d'anàlisi territorial que precedeixen l'activitat planificadora.

CAS 5. CONTROL DE LA CIRCULACIÓ I L'OPERATIVA DE CÀRREGA I DESCÀRREGA DE LA DISTRIBUCIÓ URBANA DE MERCADERIES A BARCELONA

Objectius	Regular la distribució urbana de mercaderies de forma que s'optimitzi l'operativa dels vehicles de mercaderies a la ciutat i a la vegada s'asseguri la compatibilitat amb la resta d'activitats que es realitzen a la via pública.
Descripció	A la ciutat de Barcelona hi ha dos tipus d'ordenances que recullen normatives relacionades amb la distribució urbana de mercaderies: l'ordenança municipal de previsió d'espais per a càrrega i descàrrega i l'ordenança de circulació de vianants i vehicles. – L'ordenança municipal de previsió d'espais per a càrrega i descàrrega de la ciutat de Barcelona distingeix entre:

a)   Reglamentació per a l'ús comercial.

Superfície útil accessible pel públic, destinada a venda o intercanvi comercial per al conjunt de l'edifici, recinte o instal·lació	*Núm. mínim de places*
menys de 400 m²	no se n'exigeix
de 400 m² a 1.300 m²	1
de més de 1.300 m² a 2.500 m²	2
per cada 3.000 m² o fracció més, es preveu una plaça més	

b)   Reglamentació per a l'ús industrial.

Superfície útil, inclòs el magatzem, per al conjunt de l'edifici, recinte o instal·lació	*Núm. mínim de places*
menys de 600 m²	no se n'exigeix
de 600m² a 1.500 m²	1
de més de 1.500 m² a 3.000 m²	2
per cada 3.000 m² o fracció més, es preveu una plaça més	

c)   Reglamentació per a l'ús de magatzem.

Volum útil per al conjunt de l'edifici, recinte o instal·lació	*Núm. mínim de places*
menys de 1.600 m³	no se n'exigeix
de 1.600 m³ a 3.200 m³	1
de més de 3.200 m³ a 6.000 m³	2
per cada 6.000 m³ o fracció més, es preveu una plaça més	

d)   Reglamentació per a l'ús hoteler, residencial i sanitari.

e)   Reglamentació per a l'ús recreatiu.

Descripció	– L'article 12 de l'ordenança municipal de previsió d'espais per a càrrega i descàrrega de la ciutat de Barcelona fa referència a la previsió obligada de magatzem en determinats casos: - Els restaurants, bars, cafès, cafeteries i similars, o els establiments que incloguin alguna d'aquestes activitats han de preveure un espai de magatzem. S'entén com a *magatzem* aquell espai no accessible al públic en què puguin ubicar-se mercaderies per a la venda. La dimensió ha de ser com a mínim: - El 5 % de la superfície útil del local, amb un mínim de 4 m². - En cap cas s'exigeix que el magatzem excedeixi el 20 % de la superfície útil de l'establiment. - Les activitats que fan obres majors han de preveure l'existència d'un magatzem en els termes que s'estableixen en aquest edicte. - En qualsevol cas, l'espai de magatzem exigit pot estar situat en l'edifici contigu al del local, com a màxim a una distància de 50 m de l'accés a aquest. – Segons l'ordenança de circulació de vianants i vehicles de la ciutat de Barcelona, l'operativa de càrrega i descàrrega ha de seguir les següents disposicions: - La càrrega i descàrrega s'ha de realitzar a l'interior dels locals sempre que aquests en disposin (d'acord amb l'ordenança municipal per a aquesta activitat). - L'alcaldia delimita zones reservades per a la càrrega i descàrrega quan les condicions dels locals no permeten fer-ho en el seu interior. Fora d'aquestes zones, només es permetrà en els dies, hores i llocs que es determini. - Els vehicles que realitzin operacions de càrrega i descàrrega no poden ocupar totalment o parcial qualsevol indret (voreres, andanes, passeigs, etc.) on, amb caràcter general, estigui prohibida la parada. - Les mercaderies que es carreguin i descarreguin no es poden emmagatzemar temporalment a la via pública en cap cas. - Les mercaderies s'han de carregar i descarregar pel costat del vehicle més proper a la vorera, i s'han d'utilitzar els mitjans necessaris per a l'agilització de l'operació sense dificultar la circulació de vehicles i de vianants.
Més informació	Ajuntament de Barcelona (www.bcn.cat).

- Distribuint adequadament els usos: una localització adequada d'activitats i l'equilibri de les densitats poden incidir en una disminució dels desplaçaments.
- Integrant l'urbanisme amb la planificació sectorial d'infraestructures de transport i de logística.
- Amb l'ajuda de la normativa i les ordenances, es poden establir els estàndards urbanístics i regular la concessió de llicències aplicant determinats requisits:

  - Molls de càrrega i descàrrega a l'interior dels nous establiments comercials a partir de determinada superfície.
  - Superfície d'emmagatzematge mínima en l'obertura de nous establiments comercials.
  - Fixar un estàndard de zones de càrrega i descàrrega en funció del nombre d'establiments comercials dels voltants.

- Cal que la planificació de plataformes logístiques a l'entorn metropolità i a l'interior de la ciutat quedi recollida en el planejament urbanístic.

2 Accions informatives

2.1 Mapes de transport de mercaderies

• Descripció i objectius

L'objectiu d'aquests tipus de mapes té una doble vessant: d'una banda, es confeccionen mapes complets referents al transport de mercaderies i de l'altra, s'actualitza en temps real la informació recollida en aquests mapes.

Cal tenir en compte que l'administració pot facilitar informació valuosa en temps real. Aquesta informació pot ser molt útil per a les empreses de transport que se serveixen de la tecnologia (bàsicament internet) per consultar-la i escollir la ruta més adient en funció de les condicions del moment.

• Avantatges i inconvenients

Entre els avantatges que ofereixen els mapes de transport, destaquen:

- Donen la possibilitat a les empreses de transport d'optimitzar les seves rutes i escollir la més adient en funció de l'estat del trànsit.

– Contribueixen a canalitzar el transport pesant per les vies més adequades a la seva circulació i eviten molèsties com el pas per l'interior de municipis, l'aparcament a zones no habilitades, accidents, etc.
– Afavoreixen la planificació de la ruta prèviament.

Entre els inconvenients de la mesura, destaquen:

– Concentra gran part del transport de mercaderies en unes vies concretes, en les quals es pot veure augmentada la intensitat de trànsit pesant.
– En funció del mètode de consulta, els mapes de transport poden contribuir a la distracció del conductor.

• Recomanacions

Un mapa complet de mercaderies ha de contenir:

– Les rutes de camions.
– Informació sobre restriccions o actuacions en el vial (dimensions, pes del vehicle, horaris, gàlibs, carrils de càrrega i descàrrega, zones d'aparcament, etc.).
– Àrees de trànsit conflictives.
– Localització dels aparcaments de vehicles pesants.
– La localització dels principals llocs d'interès com ara els polígons industrials.

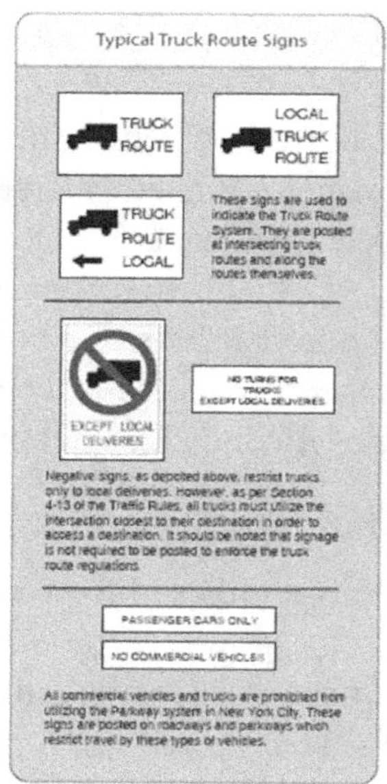

Figura 21. Cartell promocional del mapa de camions de Nova York.

Figura 22. Senyalització usada a Nova York.

CAS 6: MAPA DE CAMIONS A NOVA YORK (EEUU)

Objectius	– Regular i ordenar la circulació de camions dins del nucli urbà. – Evitar o disminuir la congestió de vehicles pesants en zona urbana. – Reduir les molèsties que el transport de mercaderies ocasiona als veïns i habitants de la ciutat.
Descripció	El mapa de camions consta d'un plànol de la ciutat de Nova York. Es troben ressaltades en diferents colors les rutes destinades a la circulació de camions. – La llegenda distingeix entre els diferents tipus de rutes: locals, autopistes, interestatals, etc. – En el mateix mapa es poden trobar indicacions sobre normativa: - Limitacions de mides, pes, etc. - Prohibició d'estacionar en els aparcaments normals. - Obligació d'arribar sempre a destinació mitjançant una de les rutes de camions senyalitzades fins arribar a la intersecció amb la destinació. – Es faciliten també les dades de l'oficina del Department of Transportation per tal de demanar permisos per a transports especials.
Més informació	Department of Transportation (www.nyctmc.org). Ajuntament de Nova York (www.nyc.gov).

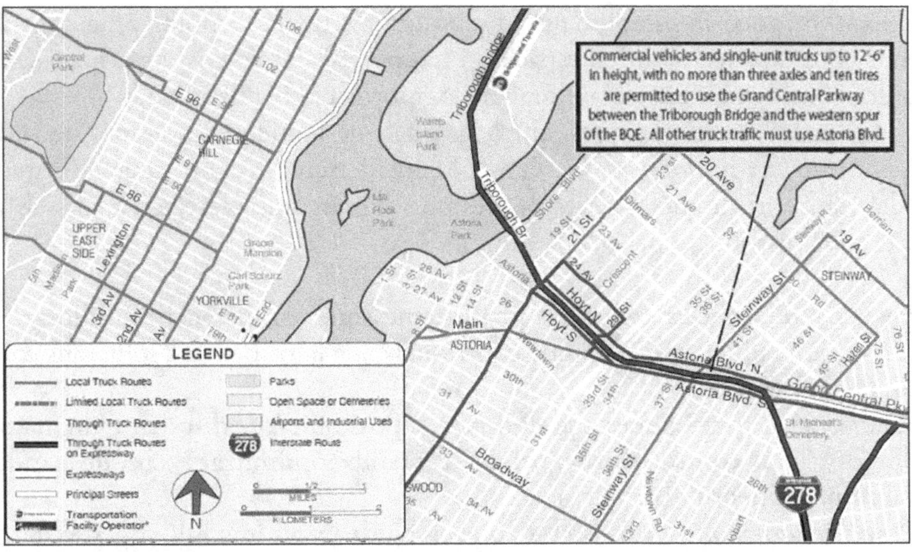

Figura 20. Detall del mapa de camions de la ciutat de Nova York.

Els destinataris dels mapes de transport de mercaderies han de ser la majoria dels agents implicats en la distribució urbana de mercaderies:

– Comerços locals.
– Associacions d'empreses de transport i les mateixes empreses de transport.
– Autoritats urbanes.

L'actualització de les dades dels mapes a través d'internet ofereix la possibilitat de disposar d'informació sobre l'estat del trànsit en temps real.

Aquesta actuació, es pot unir als sistemes d'informació geogràfica (SIG) per identificar fàcilment la informació rellevant (per exemple, el servei d'alerta de trànsit de Londres que el proporciona Transport for London).

Una altra actuació informativa en temps real és la que es fa en algunes ciutats a través dels panells informatius instal·lats en els aparcaments de camions.

2.2 La tecnologia com a font de millora de la informació

• Descripció i objectius

La incorporació de les tecnologies de la informació a la distribució urbana de mercaderies ha possibilitat un canvi substancial, tant en l'operativa i l'eficiència dels agents de transport com en les possibilitats d'informació entre els diferents graons de la cadena logística (proveïdor-transportista-establiment). En aquest sentit, la tecnologia ha contribuït a disminuir els costos (econòmics, espacials i temporals) del desenvolupament de tota la cadena de subministrament i a millorar-ne la informació i la fiabilitat.

Les innovacions tecnològiques, entre les quals destaquen els sistemes de transport intel·ligent (*intelligent transport systems* o *ITS*), incideixen directament en els sistemes de gestió del transport de mercaderies per les possibilitats que ofereixen a tots els agents implicats en la distribució urbana de mercaderies:

– *Per a les empreses de transport,* són sistemes que s'utilitzen per millorar la seva eficiència i reduir costos. També contribueixen a la trobada de solucions en cas de sorgir imprevistos.
– *Per als clients,* són sistemes que els donen la possibilitat de disposar d'un major grau d'informació i control sobre el producte, i també optimitzar el cost de la cadena de subministrament i distribució.
– *Per als gestors públics,* són sistemes que els ajuden a fer una millor gestió del trànsit a l'àrea urbana.

La tecnologia *ITS* es pot dividir en dos grups: els sistemes de gestió del transport de mercaderies (agents privats) i els sistemes de gestió del trànsit (agents públics):

– Els sistemes de gestió del transport de mercaderies, dins dels quals s'engloben els sistemes de gestió de flotes, permeten, entre d'altres:

  – La planificació informatitzada de les rutes.
  – Els sistemes de navegació i control del trànsit, gràcies quals es pot rebre informació en temps real sobre la localització del vehicle, possibles incidències de trànsit, canvis en les necessitats dels clients, etc.
  – Els sistemes de comunicació a l'instant permeten (per veu o ordinador) la comunicació immediata entre el transportista i la seva empresa, així com entre el transportista i els clients.
  – Els sistemes de reserva d'espai, que permeten la coordinació de les arribades dels vehicles de transport de mercaderies al major nombre d'ubicacions possibles, per a la generació de grans fluxos.

– Pel que fa als sistemes de gestió i control del trànsit *(Urban Traffic Management Control* –UTMC–), ajuden a millorar la fluïdesa del trànsit i milloren la seguretat viària. Aquests sistemes requereixen la utilització de suports tecnològics com:

  – Sistemes de control del trànsit urbà per coordinar la informació dels panells de trànsit.
  – Panells amb informació variable per al conductor (VMS).
  – Sensors de disponibilitat d'aparcaments.
  – Mesurament dels temps de trajecte mitjançant el reconeixement automàtic de matrícules.

• **Avantatges i inconvenients**

Entre els avantatges de la mesura, destaquen:

– La tecnologia ha possibilitat una millora substancial de la gestió municipal de la distribució urbana de mercaderies.
– La tecnologia contribueix a fer més eficient el transport de mercaderies i alhora redueix els costos i possibilita l'oferiment d'altres serveis (major grau d'informació, seguiment del producte, etc.).
– La millora de la informació proporciona més seguretat al gestor i una millor percepció del servei per part de l'usuari.

Entre els inconvenients de la mesura, destaquen:

– L'elevat cost que tenen algunes tecnologies fa que no totes les empreses hi puguin accedir.
– La informació en temps real requereix un seguiment minut a minut per tal que sigui útil a l'usuari.
– La diversitat de tecnologies amb usos semblants fa que municipis propers puguin estar utilitzant tecnologies diferents. Això pot ser un inconvenient de cara a una futura integració de tots els sistemes d'una mateixa zona.

• **Recomanacions**

– Per tal d'aconseguir un òptim resultat de l'ús de la tecnologia, és fonamental mantenir actualitzada periòdicament tota la informació que es dóna en el lloc web. Aquest fet és aplicable, tant a les empreses privades que informen de l'estat de les comandes als clients com a l'administració pública que comunica l'estat de la circulació, l'aparició d'incidències, el temps dels trajectes, etc.
– És imprescindible que tot el sistema d'informació que es decideixi implantar en un municipi sigui compatible amb la resta de sistemes d'informació implantats en altres municipis de la mateixa regió. D'aquesta manera es facilitarà el fet que, en un futur, la regió pugui configurar un sistema d'informació comú i en xarxa per a tots els municipis que l'integren.
– Les tecnologies de la informació ja tenen, en l'actualitat, la capacitat de donar una informació molt fiable per al coneixement i seguiment dels principals fluxos del

Figura 23. Sala de control de tràfic de la ciutat de Barcelona. Font: Ajuntament de Barcelona.

CAS 7. SISTEMA *ITS* AL JAPÓ

Objectius	El Japó es troba actualment en un projecte que implantarà a tot el territori un sistema *ITS*. Entre els principals objectius que es persegueixen, es troben: – Millorar l'aprofitament de les infraestructures, reduir les congestions de la circulació i disminuir els temps de viatge. – Donar més informació als usuaris sobre tot tipus de serveis, informar en temps real de les possibles incidències.
Descripció	La implantació del sistema consta de quatre fases. Actualment, es troba finalitzada la primera fase i està en fase d'implantació la segona. **1.ª fase** (2000-2005) Informació del trànsit distribuïda en temps real amb dispositius *VICS (vehicle information and communication system).* – Informació sobre congestió i rutes òptimes a través dels navegadors de manera que es pot variar el trajecte en funció del trànsit. – Implementació de peatges electrònics automàtics per evitar les cues. **2.ª fase** (2005-2010) – Introducció gradual de nous serveis *ITS*. – Detecció d'accidents amb connexió directa als serveis d'emergència informant de la posició i agilitzant-ne així l'assistència. A més, s'informa els usuaris sobre les rutes alternatives per evitar l'accident. **3.ª fase** (cap el 2010) – Aprovació de noves lleis i sistemes socials. – Expansió del sistema a tot el país. Augment d'infraestructures i equipaments. – Implementació de noves funcions, avançant cap a la conducció automàtica. **4.ª fase** (sense calendari) – Final de la implementació dels sistemes *ITS*. – Augment del nombre d'usuaris de conducció automàtica fins a establir-se com un sistema general. – Reducció considerable de les víctimes mortals, millora en la fluïdesa i major aprofitament de les infraestructures.

Descripció	Entre els avantatges i inconvenients que s'han detectat fins a l'actualitat en la implementació d'aquest sistema, es troben: *Avantatges* – Millores en la seguretat. – Augment de l'eficiència del trànsit. – Més comoditat per als usuaris. – Contribueix a la preservació del medi ambient. – Creació de noves indústries tecnològiques. *Inconvenients* – Alt cost econòmic. – Necessitat de canviar alguna legislació o normativa. – Gran repercussió social.
Més informació	Japanese Ministry of Land, Infrastructure and Transport (www.mlit.go.jp/road/ITS/). Vehicle Information and Communication System Center *(*www.vics.or.jp*)*.

Figura 24. Exemple de sistema ITS *al Japó.*

CASOS 8 I 9. EMPRESES AMB GESTIÓ DE FLOTES

Objectius	– Realitzar un seguiment de les operacions de transport. – Optimitzar la càrrega dels vehicles i donar rendibilitat a les operacions. – Garantir les necessitats dels clients (més flexibilitat per resoldre incidències).
Descripció: Cas 8	Tradisa és una empresa ubicada a les principals capitals de província que es dedica al transport de vehicles i materials. Per a la gestió de les seves flotes, Tradisa utilitza una plataforma tecnològica amb els següents mòduls: – *Transportation manager:* s'elabora un seguiment de totes les operacions de transport, des que es rep l'ordre de transport fins al lliurament a destí. Gestiona l'operació a través de comandes, càrregues, la seva composició i els mitjans de transport (camions, vaixells, etc.). La traçabilitat de les operacions queda reflectida també en les finestres de servei, dates de recollida, dates de lliurament, dates previstes d'arribada, etc. El mòdul permet també efectuar un seguiment de la rendibilitat de cadascuna de les operacions. – *Transportation optimizer:* la composició de càrregues òptimes, tant des del punt de vista volumètric com dels itineraris a seguir, suposa una tasca complexa per la quantitat de variables que implica. El *transportation optimizer* treballa amb totes aquestes variables i confecciona automàticament una primera proposta de càrregues i rutes que els planificadors i assignadors de medis confirmen i passen a execució. El mòdul té en compte, en els càlculs, el nivell de servei pactat amb el client. – *Transportation modeler:* es tracta d'una eina de simulació d'escenaris logístics que permet realitzar tests amb totes les variables de cost i de nivell de servei per tal de trobar l'escenari operatiu que compleixi millor les expectatives dels clients.
Descripció: Cas 9	Logesta és una empresa dedicada al transport de mercaderies que disposa d'una plataforma tecnològica d'última generació que li permet la integració de tots els agents involucrats en el transport en funció de les seves necessitats. Aquest fet suposa: – Traçabilitat en temps real de les operacions de transport i flexibilitat per resoldre incidències. – Anticipació a retards i possibilitat d'informar els clients. – Seguiment i control centralitzat de tots els centres. – Localització en temps real de vehicles i connexió a la central de seguretat. – Compliment d'horaris i fiabilitat del servei.
Més informació	Tradisa (www.tradisa.es). Logesta (www.logesta.com).

CAS 10. SISTEMA DE GESTIÓ I CONTROL DEL TRÀNSIT (UTMC) A STRATFORD-UPON-AVON

Objectius	El programa de gestió i control del transit urbà *(Urban Traffic Management Control –UTMC–)* es va iniciar a Stratford-upon-Avon l'any 1997. La iniciativa va ser liderada pel Department for Transport britànic (DfT), per desenvolupar un apropament als sistemes de transport intel·ligent. Entre els objectius que es perseguien amb aquesta mesura, es troben: – Minimitzar les congestions. – Reduir els temps de viatge (millorar la fluïdesa de la circulació). – Reduir les emissions contaminants. – Reduir l'accidentalitat. – Estudiar els resultats per a una possible aplicació de caràcter global.

Descripció	– Durant els tres primers anys es van elaborar una sèrie de projectes d'investigació per establir i validar els estàndards dels sistemes de gestió del trànsit (UTMC), entre els quals destaquen:
	  - Selecció de prioritat de vehicles.
	  - Gestió del trànsit a través dels límits jurisdiccionals.
	  - Estratègies per minimitzar les emissions dels vehicles.
	  - Monitorització, gestió i modelització de la xarxa.
	– La base de dades UTMC permet als enginyers de trànsit accedir ràpidament a la informació des d'una sala de control o, fins i tot, remotament.
	– S'han instal·lat nous sistemes de recollida de dades, com ara reconeixedors de matrícules automàtics per calcular temps de viatges i detectar congestions i també sensors en els aparcaments per enregistrar el nombre de places ocupades.
	– Tres senyals d'informació variable estratègiques informen els usuaris de l'estat del trànsit i de les recomanacions. A més, divuit senyals d'informació variable informen sobre les places lliures en els aparcaments.
	– Un mòdul de gestió a la xarxa global detecta els possibles incidents, com ara congestions o accidents, i genera recomanacions predeterminades de gestió del trànsit als enginyers.
	– L'ús dels protocols UTMC permetrà compatibilitzar la informació amb altres xarxes UTMC, en el cas que aquestes s'ampliïn, i usar aquestes dades per a un hipotètic sistema UTMC global.

Més informació	Department for Transport (www.dft.gov.uk; www.utmc.gov.uk).

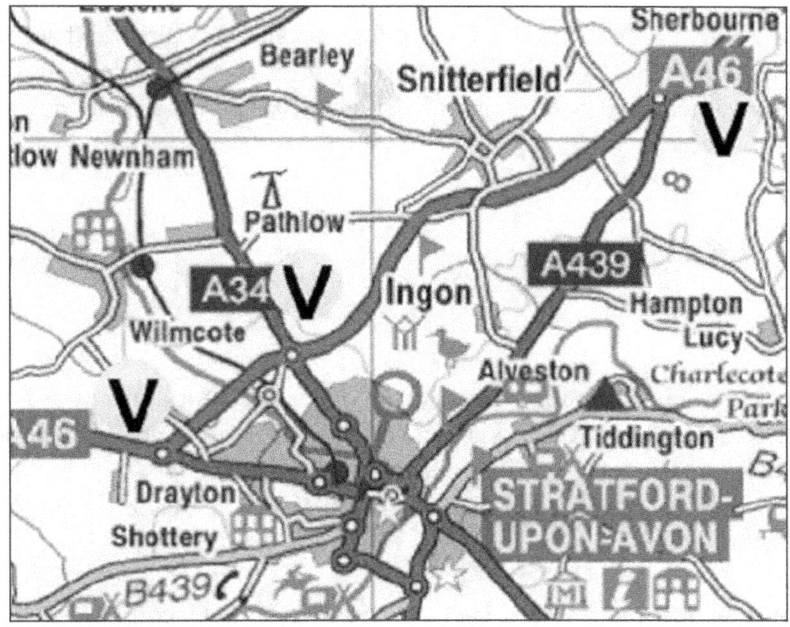

Figura 25. Mapa amb localització dels panells d'informació variable.

Figura 26. Localització dels aparcaments amb descripció de l'estat.

sector logístic dins de les ciutats. Cal seguir avançant en la direcció d'aprofitar aquest potencial d'informació, ja que així es podrà dotar els gestors de la mobilitat d'una eina molt valuosa que permet organitzar la distribució urbana de mercaderies amb el màxim encert.

2.3 Senyalització

• Descripció i objectius

La senyalització de l'entramat urbà neix a causa de la necessitat d'informar i incidir en el comportament dels usuaris de la via pública i aconseguir d'aquesta manera que es compleixin les normatives existents (ordenances municipals).

La senyalització en el marc de la distribució urbana de mercaderies acostuma a tenir l'objectiu d'informar de:

- **Les zones no apropiades per a la circulació d'un vehicle,** com per exemple, carrers estrets, illes de vianants, etc. En aquest cas, s'utilitza una senyalització vertical que sigui visible des de tots els accessos indicant quins són els usuaris que tenen prioritat, quins horaris d'accés són els permesos, la velocitat màxima, el temps màxim d'estacionament, zones autoritzades a la càrrega i descàrrega, etc.
- **Les normes d'aparcament per a càrrega i descàrrega.** Combinen la senyalització vertical i l'horitzontal. D'una banda, la senyalització vertical informa sobre el règim d'ús de la zona (usuaris autoritzats, horaris, dies de la setmana, temps màxim d'operació, etc.) i pot anar acompanyada de l'avís de possibilitat d'actuació de la grua municipal. La senyalització horitzontal delimita clarament la zona destinada a les operacions per dissuadir l'ocupació dels vehicles no autoritzats.
- **La ubicació d'àrees de camions o de zones industrials clau.** Aquest tipus de senyalització és molt útil per optimitzar els trajectes dels vehicles pesants i evitar que es puguin perdre. Es tracta de senyalitzacions verticals successives que guien els conductors des de les proximitats d'aquest tipus de localitzacions. És molt important el treball conjunt de les autoritats urbanes amb els gestors de zones industrials per tal de millorar-ne les informacions d'accés.
- **Rutes recomanades per a camions.** S'utilitza una senyalització vertical a les entrades i sortides de les àrees urbanes, a través de la qual es mostren les rutes habilitades i les obligatòries per a vehicles de cert tonatge.

En els darrers anys, la incorporació de tecnologia a la senyalització ha permès introduir el concepte de *senyalització variable en temps real,* que té la capacitat de gestionar i adaptar les indicacions de l'estat de la via pública en cada instant.

• **Avantatges i inconvenients**

Entre els avantatges de la mesura, destaquen:

- La senyalització (horitzontal i vertical) contribueix a comunicar als usuaris de la via pública, i en concret als agents de la distribució urbana, quina és la normativa que afecta cada zona.
- La senyalització horitzontal contribueix a delimitar la majoria de vegades quina és l'àrea d'influència de la senyalització vertical.
- És un sistema que permet advertir de possibles perills, com ara la proximitat d'una escola, els gàlibs, la MMA, etc.

Entre els inconvenients de la mesura, destaquen:

- Pel que fa a la senyalització horitzontal, requereix un manteniment per tal que no deixi de ser visible.
- La senyalització vertical, en funció de la ubicació, pot treure camp de visió o bé representar una barrera arquitectònica a la via pública.
- Si la senyalització no és prou intuïtiva, pot contribuir a la pèrdua de concentració per part dels conductors.

• **Recomanacions**

- **Assegurar-se que els senyals es trobin ben ubicats i siguin clars en les indicacions.** Cal tenir en compte que la lectura dels senyals sovint es fa en moviment i, per tant, cal que siguin fàcilment visibles i de ràpida comprensió i que es trobin en un bon estat de conservació.
- **Comprovar que els senyals guia són suficients.** Cal assegurar que els senyals destinats a mostrar rutes de camions en àmbit urbà o la localització de zones d'aparcament i industrials siguin suficients i permetin l'arribada a destinació sense confusions.
- **Recolzar la senyalització sobre una normativa.** És important que darrere de cada senyalització hi hagi una ordenança que en reculli la regulació.
- **Mantenir en bon estat de conservació la senyalització horitzontal.** Per tal d'evitar confusions en la delimitació de les zones destinades a usos concrets (cas de les zones de càrrega i descàrrega), cal que se'n realitzi un manteniment periòdic.
- **Recolzar la senyalització amb control.** Tota senyalització ha d'anar acompanyada de l'aplicació de la disciplina viària per tal que l'usuari de la via pública prengui consciència de la necessitat de complir la normativa o, si més no, de l'obligatorietat.

Figura 27. Exemples de senyalització que aplica la logística urbana.

CAS 11. SENYALITZACIÓ DE LES ZONES DE CÀRREGA I DESCÀRREGA A BARCELONA

Objectius	El principal objectiu que persegueix la senyalització de les zones de càrrega i descàrrega és el de mostrar als agents de la distribució urbana de mercaderies quines són les zones dedicades a la seva operativa i quina és la normativa que en regula l'ús.
Descripció	Les zones de càrrega i descàrrega, en el cas de la ciutat de Barcelona, s'indiquen mitjançant senyalització vertical i horitzontal. – **La senyalització vertical.** Serveix per indicar quina és la normativa que afecta el xamfrà, en aquest cas la de càrrega i descàrrega. S'especifiquen els dies de la setmana en què la regulació s'aplica, els vehicles que tenen permís per fer-ne ús, l'obligació de mostrar el disc horari i el temps màxim que es pot estacionar. – **La senyalització horitzontal.** Mostra quina és la superfície a la qual afecta la regulació que indica la senyalització vertical. Cal destacar que la forma de senyalització horitzontal de les zones de càrrega i descàrrega és la mateixa per a tota la ciutat, fet que n'afavoreix la identificació. En aquest cas, la senyalització mostra la multiplicitat d'usos de la zona; per a càrrega i descàrrega és durant certes hores del dia i per al lliure estacionament, durant la resta.
Més informació	Ajuntament de Barcelona (www.bcn.cat).

Senyalització vertical

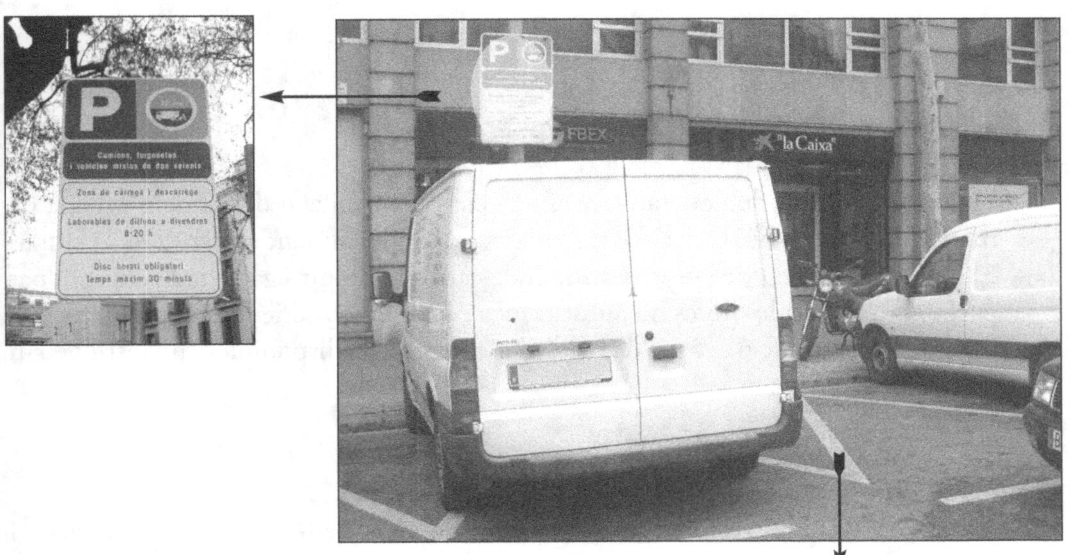

Figura 28: Exemple de senyalització de les zones de càrrega i descàrrega.

3   Accions de seguiment de l'operativa

3.1   *Aplicació de la disciplina viària (control policial i sanció)*

• **Descripció i objectius**

Dins de les accions que empitjoren el funcionament de la logística urbana, n'hi ha algunes especialment crítiques que cal fixar com a objectius prioritaris de seguiment:

- Vehicles comercials que operin fora de les àrees autoritzades de càrrega i descàrrega (calçada de circulació, zones de vianants en horari restringit, estacionament sobre la vorera).
- Vehicles comercials que no compleixin les normes d'ús de les zones de càrrega i descàrrega (estacionament que sobrepassi el temps màxim).
- Vehicles no autoritzats que ocupin les zones de càrrega i descàrrega (turismes).

Aquest tipus de mesures de reforç són accions dutes a terme per l'administració que asseguren el compliment de les lleis i normes de trànsit per part de tots els usuaris. Les activitats destinades a l'aplicació de la disciplina viària només poden realitzar-se sota una normativa que ofereixi la possibilitat de processar judicialment els infractors i d'imposar sancions.

• **Avantatges i inconvenients**

Entre els avantatges de la mesura, destaquen:

- El control eficient de l'operativa dels vehicles que realitzen distribució urbana de mercaderies contribueix decididament a millorar globalment el trànsit de la ciutat.
- El control focalitzat de l'ús de les zones de càrrega i descàrrega evita l'ocupació per part del turisme a les hores no autoritzades i contribueix al fet que els vehicles que integren la distribució urbana de mercaderies les trobin disponibles i no infringeixin les normes.

Entre els inconvenients de la mesura, destaquen:

- A causa de la baixa tecnificació del control de les zones de càrrega i descàrrega i l'elevat nombre d'aquestes, es fa necessari disposar d'una quantitat elevada de personal perquè la realització d'aquesta tasca obtingui resultats satisfactoris (en el cas de Barcelona, aquesta tasca recentment ha passat a dependre dels agents que

realitzen el control de la zona blava i verda, fet que ha proporcionat una millora en el grau de compliment a causa de la major cobertura del control efectuat).
– La facilitat existent per manipular els mecanismes de control de les zones de càrrega i descàrrega impedeix un seguiment exhaustiu del compliment de la normativa.

• Recomanacions

– Els recursos econòmics necessaris per fer un seguiment del compliment de la normativa acostuma a significar importants despeses. Cal doncs, ajustar al màxim els recursos que s'hi destinen, de manera que s'assegurin els nivells desitjats de compliment, sense que això signifiqui un pressupost gaire elevat.
– Tradicionalment, el control de la circulació ha estat conferit a l'autoritat policial. Actualment, no obstant, l'ús de la tecnologia per al control s'ha generalitzat i això ha propiciat dur a terme un reforç eficaç sense la necessitat de contractar gran quantitat de personal.
– Consensuar, en la mesura del possible, les accions normatives amb el sector implicat i l'autoritat policial. Aquesta compenetració n'afavorirà el compliment.
– Comunicar les noves normatives vigents a les parts implicades (policia, associacions de transport, comerç, etc.) mitjançant circulars informatives.
– Combinar la sanció econòmica amb l'actuació de la grua municipal.
– El mal ús de les zones de càrrega i descàrrega és un important entrebanc a l'hora d'aconseguir el correcte funcionament de la distribució urbana de mercaderies. És de vital importància, doncs, que es realitzi un control periòdic per zones per tal d'evitar el mal ús d'aquests espais que són dedicats exclusivament a les mercaderies.
– Cal seguir avançant cap a un mètode de control de les zones de càrrega i descàrrega que redueixi la facilitat de manipulació i augmenti la facilitat de seguiment. La tecnologia pot contribuir de forma destacable en la consecució d'aquest objectiu.

Figura 29. Aplicació de la disciplina viària.

CAS 12. CONTROL DE LES ZONES DE CÀRREGA I DESCÀRREGA

Objectius	El control de les zones de càrrega i descàrrega és una de les accions de seguiment que millor assegura el bon funcionament de la distribució urbana de mercaderies. El control d'aquestes zones té com a objectius: – Assegurar que no se'n faci un mal ús per part de vehicles no autoritzats a l'estacionament de les zones esmentades. – Controlar el temps d'estada dels vehicles autoritzats, per tal que no se superi el màxim establert i s'afavoreixi al màxim la rotació de les places disponibles.
Descripció	Controlar que es compleixen els temps reglamentaris establerts per als vehicles ocupants de les zones de càrrega i descàrrega acostuma a ser la tasca que té una dificultat més elevada de seguiment. Aquesta mesura estableix que tots el vehicles comercials estacionats han d'indicar mitjançant la metodologia escollida pel municipi a partir de quina hora han ocupat la plaça. D'aquesta manera es possibilita que es pugui fer un seguiment per tal que els vehicles no sobrepassin un temps màxim indicat. En el cas de la ciutat de Barcelona, s'utilitza un rellotge de control de cartró que incorpora un disc mitjançant el qual, marcant l'hora d'arribada, el dispositiu mostra l'hora límit de sortida. Un dels principals inconvenients d'aquest mètode és la facilitat amb què es pot arribar a manipular i, per tant, la facilitat dels agents per no complir la normativa establerta. No obstant, cal destacar la possibilitat d'utilitzar nous sistemes amb major dificultat de manipulació per tal d'aconseguir afavorir el seguiment i compliment de la normativa. Altres sistemes en els quals s'ha explorat són: – **L'expenedor de tiquets.** Aquest sistema consisteix a utilitzar els dispositius per expendre tiquets de la zona blava i verda i per donar tiquets gratuïts de trenta minuts als usuaris de les zones de càrrega i descàrrega. L'expenedor incorpora una targeta d'usuari que evita el fet de poder treure tiquets de forma reiterada. – **El rellotge de control electrònic amb díodes emissors de llum (LED).** En aquest cas, es tracta d'utilitzar un rellotge electrònic amb un mètode d'indicació dels temps mitjançant díodes electroluminescents. L'aparell, en el moment d'iniciar-se, encén tots els díodes, que es van apagant a mesura que es va esgotant el temps legal. Un cop esgotat el temps, el sistema activa tots els díodes que es posen de color vermell; així es poden veure fàcilment de lluny i es poden controlar. Cal destacar que la llibertat que té cada municipi per escollir el mètode de control de les zones de càrrega i descàrrega, i la manca de coordinació entre els municipis d'una mateixa regió metropolitana fa que sovint el transportista hagi de conèixer les peculiaritats de cada mètode existent dins una mateixa regió metropolitana. Cal tendir, doncs, cap a una homogeneïtzació supramunicipal en el mètode de control de les zones de càrrega i descàrrega, per facilitar el coneixement i el compliment de la normativa.
Més informació	Ajuntament de Barcelona (www.bcn.cat); Autoritat del Transport Metropolità (www.atm.cat).

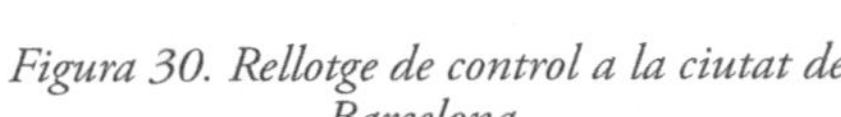

Figura 30. Rellotge de control a la ciutat de
Barcelona.

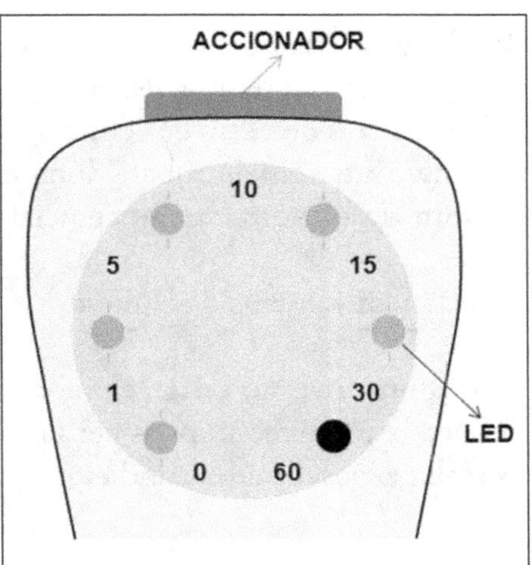

Figura 31. Esquema del rellotge electrònic
amb díodes emissors de llum (LED).
Font: Formaplan.

3.2 Càmeres de control d'accés

• Descripció i objectius

La implantació d'un sistema de control d'accés mitjançant càmeres persegueix l'objectiu principal de pacificar el trànsit, controlant o restringint l'accés a la zona desitjada, ja sigui un tram, un carrer, un barri, etc.

Per implantar un sistema de control d'accés mitjançant càmeres és necessària una determinada infraestructura. Les *càmeres de videovigilància* representen la infraestructura bàsica i imprescindible. Cada càmera ha d'estar equipada amb tecnologia infraroja per poder operar de nit, i amb una connexió a la xarxa que permeti enviar la informació a un determinat punt de control. En el punt de control és recomanable treballar amb un equip tecnològic que permeti l'automatització mitjançant algun sistema d'informació geogràfica. El fet de treballar així permet, a més, gestionar les autoritzacions o excepcions dels usuaris que queden lliures del control d'accés (veïns, autoritats, etc.).

• Avantatges i inconvenients

Entre els avantatges de la mesura, destaquen:

– S'assegura un control exhaustiu del compliment de la normativa i, per tant, té un fort efecte dissuasiu entre els infractors.

– Resulta una eina de gestió de dades de mobilitat, com per exemple, intensitats de trànsit generals o temporals, etc.
– Pot ajudar a la detecció de vehicles robats: si una càmera detecta una matrícula que pertany a un vehicle robat, dóna el pertinent avís al punt de control i aquest n'informa a l'autoritat competencial.

Entre els inconvenients de la mesura, destaquen:

– Suposa una inversió inicial elevada.
– Requereix un manteniment per tal d'assegurar-ne el correcte funcionament.
– Es troba exposada a les condicions meteorològiques adverses i al vandalisme.

• **Recomanacions**

– Cal ubicar les càmeres de control a zones que dificultin l'afectació provocada pels actes de vandalisme.
– És aconsellable indicar quin és l'inici i la fi del control de les càmeres per tal que els vehicles estiguin informats d'aquest tipus de seguiment.
– La utilització de sistemes de control tecnològics fa necessari un manteniment periòdic.

Figura 32. Càmeres de control a La Rambla de Barcelona.

CAS 13. CONTROL D'ACCESSOS PER CÀMERA A LA RAMBLA DE BARCELONA

Objectiu	L'objectiu principal del control d'accessos en el sentit ascendent de La Rambla de Barcelona és el de pacificar el trànsit en aquesta zona de Ciutat Vella. Aquest sistema queda emmarcat en el programa Civitas, subvencionat per la Unió Europea com a projecte innovador.

Descripció	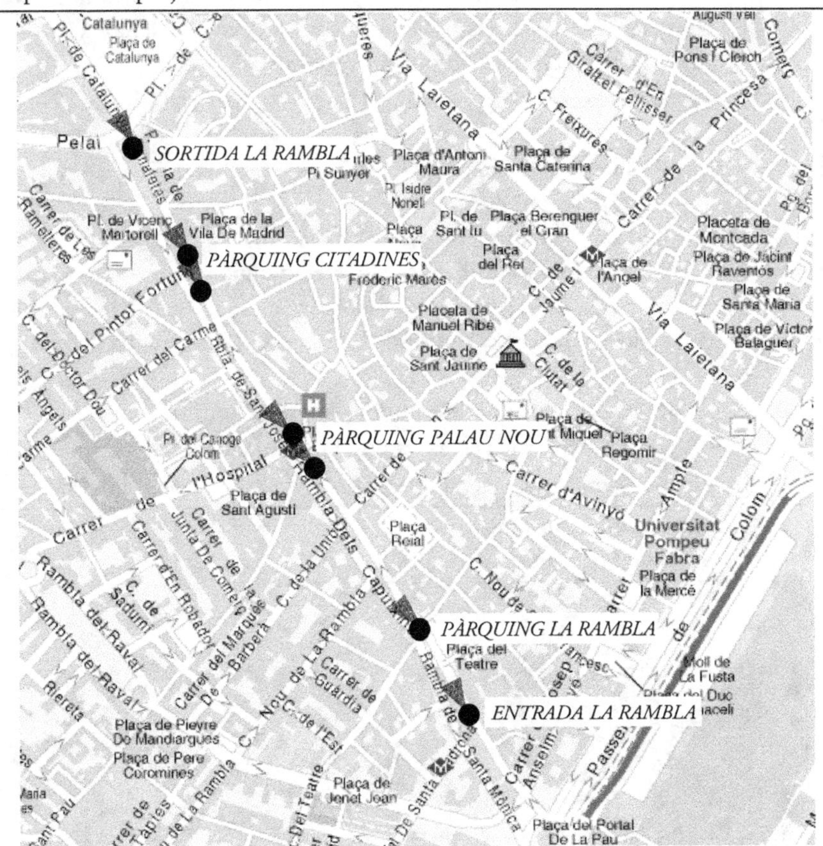El sistema funciona mitjançant set punts de control ubicats a l'entrada, a la sortida i als tres possibles pàrquings en els quals pot accedir el vehicle.
	
	– Cada punt de control disposa, com a mínim, de:
	  - Càmera de lectura de matrícules amb visió infraroja.
	  - Una càmera de context.
	  - Connexió a la xarxa.
	– A mode d'informació, s'instal·la la següent senyalització:
	  - Panell amb l'horari de restricció de pas.
	  - Panell amb l'estat d'ocupació dels aparcaments de la zona.

Descripció	– Les càmeres instal·lades en els punts de control registren les matrícules dels vehicles que circulen per La Rambla. Si un vehicle és registrat consecutivament, en un interval de temps determinat, un cop a cada càmera instal·lada en els punts de control, estarà infringint la prohibició de pas i, per tant, serà sancionat.
	
	– El sistema permet fixar tres franges horàries de restricció diferents per dia. En aquest cas, es fixa la restricció per al trànsit de pas de dilluns a dissabte, d'11 h. a 15 h. i de 17 h. a 20.30 h., i diumenges i festius de 9 h. a 21 h.
	
	– Queden exempts de complir la restricció tots els vehicles acreditats dins els col·lectius:
	  - Residents de la zona.
	  - Transports públics.
	  - Usuaris d'aparcaments i hotels de la zona.
	  - Altres vehicles autoritzats de manera temporal.
	
	A banda de pacificar el trànsit de La Rambla, la mesura ha permès:
	
	– Generar dades de distribucions horàries del trànsit.
	
	– Analitzar, per trams, els accessos o globalment les dades d'intensitat mitjana diària.
	
	– Generar mapes d'itineraris segons el seu ús, i així detectar els itineraris principals.

Més informació	Civitas (www.civitas-initiative.org). Ajuntament de Barcelona (www.bcn.cat).

Figura 33. Exemple de control de matrícula.

Figura 34. Senyalització del control d'accés.

Figura 35. Esquema de funcionament del control d'accés a La Rambla de Barcelona.

4   Accions de gestió de la capacitat

4.1   *Gestió de la capacitat de la xarxa: lliuraments en hores vall*

• Descripció i objectius

Com s'ha comentat anteriorment, en els darrers anys, el flux de mercaderies s'ha incrementat de manera considerable. Aquest fet, unit a l'ús massiu del vehicle privat, ha provocat la creixent aparició de colls d'ampolla (sobretot en àmbits urbans), que amenacen la competitivitat del teixit empresarial i la qualitat de vida dels ciutadans. Per aquesta raó, reduir la pressió sobre les infraestructures en les hores punta s'ha convertit en objectiu prioritari per millorar la competitivitat de l'activitat logística i, en general, del transport, i d'aquesta manera s'ha contribuït, a més, a minimitzar el seu impacte ambiental.

La gestió de les mercaderies en hores vall (entre les quals es troben les nocturnes) dels processos logístics es presenta com una de les alternatives amb major potencial de generar capacitat en el sistema logístic i de conciliar els interessos dels diferents agents implicats en l'activitat de distribució de mercaderies.

4.1.1   *La logística nocturna*

Cal destacar que una de les franges vall més extenses que existeix al llarg del dia i amb menys intensitat de circulació de vehicles és la franja nocturna. La franja esmentada presenta un important avantatge, que és que les reduïdes intensitats de trànsit que hi ha de nit permeten aconseguir una important reducció en els temps de distribució, un estalvi de combustible (i, en conseqüència, d'emissions contaminants) i la possibilitat de fer un nombre menor de viatges, a causa de la possibilitat que ofereix la nit d'entrar amb vehicles més grans a la ciutat. La franja horària nocturna s'està utilitzant en l'actualitat a empreses com: Mercadona, Condis, Inditex, Imaginarium, El Corte Inglés, etc.

Tot i tenir un important potencial de creixement, la logística nocturna no és un tipus de distribució apta per a totes les empreses. Cal destacar que quan aquestes treballen amb càrregues completes o tenen una logística pròpia que no depèn de cap altra cadena, la logística nocturna és rendible. No obstant, quan l'empresa en qüestió treballa amb càrregues fraccionades, la manca de demanda fa que el servei (que és ofert per un operador logístic) pugi de preu.

Cal tenir en compte, també, l'existència d'una sèrie de factors de contorn que dificulten el desenvolupament d'aquest tipus de logística, principalment els nodes logístics i la contractació de treballadors:

– Els nodes logístics

Alguns dels nodes logístics en els quals intervenen les cadenes de transport no es troben operatius de cara al públic de nit; és el cas dels ports espanyols, les terminals ferroviàries, etc.

– Contractació de treballadors

D'una banda, el fet que es tracti d'un treball nocturn dificulta la recerca de personal ja que no tothom és apte i té disponibilitat per aquest horari de feina. D'altra banda, la nocturnitat fa que el preu per hora i treballador s'incrementi.

Finalment, és important considerar que dur a terme la logística nocturna suposa tenir coneixement i responsabilitat de respectar el descans dels veïns dels voltants d'on es realitza l'operativa de càrrega i descàrrega. Per aquesta raó, les normatives municipals d'emissions acústiques són més restrictives de nit i, en conseqüència, es fa necessari invertir en tecnologies per reduir el soroll generat tant pels vehicles de transport com per l'operativa.

En definitiva, la logística nocturna, com la majoria de solucions destinades a millorar la distribució urbana de mercaderies, no és una solució magistral; però és útil per a un determinat segment d'empreses, especialment aquelles cadenes logístiques «independents», que mouen grans volums i amb càrregues completes.

• Avantatges i inconvenients

Entre els avantatges de la mesura, destaquen:

– Reducció dels temps de recorregut i estalvi de combustible (menys emissions contaminants).
– Possibilitat de realitzar un menor nombre de viatges, a causa de la major permissivitat dels gestors municipals per entrar de nit amb vehicles de dimensions més grans a la ciutat.

Entre els inconvenients de la mesura, destaquen:

– Necessitat d'assegurar una massa crítica que faci el servei nocturn rendible (complementarietat amb altres cadenes logístiques).
– Dificultat per trobar treballadors que vulguin realitzar el treball en horari nocturn (increment del cost de contractació).
– Obligatorietat de complir uns requisits en matèria de contaminació acústica (inversió en els vehicles).

• Recomanacions

- Les autoritats municipals poden promoure el desplaçament del transport de mercaderies en hores vall. La concertació amb els agents privats per tal de conèixer les seves necessitats i, sobretot, l'esforç en la cerca de solucions per als casos particulars d'empreses que vulguin millorar l'eficiència de la seva distribució han de ser les principals línies de treball.
- Dur a terme una harmonització de les ordenances a escala supramunicipal. El fet que cada municipi dictamini quins són els límits màxims d'emissions acústiques en dificulta el seu coneixement i compliment per part de les empreses.
- Dur a terme un control exhaustiu, especialment els primers mesos, de la salut dels empleats que realitzin torns nocturn. No tothom és apte per a aquest tipus d'horari i, per tant, cal fer un seguiment de la seva adaptació.
- Contribuir a la transferència tecnològica. Sovint, tot i que existeix la suficient tecnologia per reduir les emissions acústiques, les empreses no la integren en la seva operativa a causa del cost addicional que suposa. La incorporació de les tecnologies disponibles actualment aportaria una important reducció de la contaminació acústica a les ciutats (tant de dia com de nit).
- Introduir mesures de gestió a la xarxa que afavoreixin el transport de mercaderies en hores vall i penalitzin l'esmentat transport en hores punta. Entre aquestes mesures, es troben la reducció de peatges en hores vall, l'alleugeriment de les restriccions, etc.
- Per tal de solucionar la falta de coincidència entre el repartiment en hores vall i l'horari comercial cal tenir en compte que:

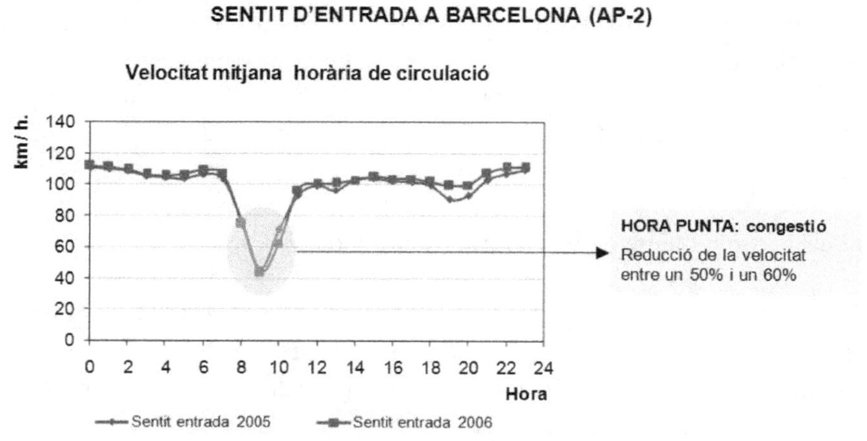

Figura 36. Velocitat mitjana d'entrada a la ciutat de Barcelona per l'AP-2.

CAS 14. DISTRIBUCIÓ EN HORES VALL ALS ESTABLIMENTS DE MERCADONA

Objectius	L'any 2003, dins el projecte europeu *Miracles,* Mercadona en col·laboració amb l'Ajuntament de Barcelona va iniciar una prova pilot amb l'objectiu de realitzar distribució nocturna de mercaderies a l'establiment del carrer València de Barcelona. Actualment, es reparteix segons el model nocturn a deu municipis de Barcelona, setze de Catalunya i cent vint-i-cinc d'Espanya.

Descripció	Per poder realitzar la prova, que es troba fora d'ordenança municipal, l'Ajuntament de Barcelona va proporcionar a Mercadona un permís renovable anualment que està condicionat a:
	
	– No sobrepassar els límits de decibels (56-60 dB).
	– Que no es produeixin queixes dels veïns de la zona.
	
	En el cas de Barcelona i l'Àrea Metropolitana de Barcelona, l'origen de la cadena és a la plataforma de Sant Sadurní d'Anoia. Des d'aquí envien dos camions que fan la distribució en el trajecte d'anada i la logística inversa en el trajecte de tornada. L'horari acostuma a ser entre les 22 h. i les 24 h. el primer camió i entre les 4 h. i les 6 h. el segon.
	Des del punt de vista de l'Ajuntament, els set lliuraments que es feien anteriorment en horari diürn (en congestió) s'han convertit en dos lliuraments nocturns amb vehicles més grans i adaptats.
	Les mesures preses per complir els condicionants es troben encarades a:
	
	– **Millorar la maquinària.** En aquest apartat es troben:
	  - Accions destinades a aïllar el terra del camió mitjançant un revestiment de *Sikafloor* (aïllament acústic).
	  - Insonorització de les transpaletes manuals i elèctriques (rodes de goma, minimització de les vibracions, etc.).
	  - Carretó elevador elèctric (rodes molt elàstiques, giroscopi lluminós per evitar l'emissió sonora d'avís, etc.).
	– **Formar el personal.** El personal destinat a l'operativa nocturna rep de forma contínua formació per tal de ser conscienciat de la necessitat de minimitzar l'emissió acústica amb l'operativa adient.
	
	Entre els beneficis obtinguts d'aquesta operativa cal diferenciar entre els que en treu la societat i els que n'obté Mercadona:
	
	– La societat obté:
	  - Menor nombre de vehicles a les vies urbanes en hores punta a causa de la reducció d'horari diürn.

	- Menys emissions sonores dels vehicles de mercaderies. - Menys contaminació ambiental a causa del fet que la velocitat en hores vall es més constant i, per tant, el consum de combustible és menor. - Evitar les molèsties als vianants derivades de l'operativa de càrrega i descàrrega. – Mercadona obté: - A l'efectuar el subministrament de nit, li permet entrar a la ciutat amb vehicles més grans (tipus tràiler de 40 t) i, per tant, reduir el nombre de viatges (proporció de 3 a 1). El temps de desplaçament es redueix a un 50 %.
Més informació	Projecte *Miracles* (Civitas Initiative) (www.civitas-initiative.org).

Figura 38. Operativa de càrrega i descàrrega nocturna de Mercadona.

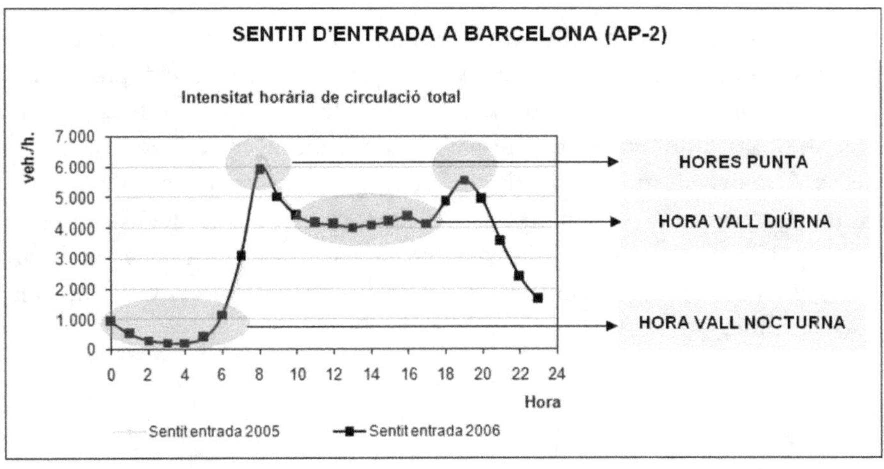

Figura 37. Intensitat de circulació total d'entrada a la ciutat de Barcelona per l'AP-2.

- Hi ha establiments receptors amb més capacitat d'adaptació en les hores vall. És el cas de les empreses de distribució comercial organitzada, dels mercats municipals (amb activitat a partir de les 6 h.) i cafeteries (que comencen la seva activitat entre les 6 h. i les 7 h.).
- L'ús de consignes o de centres de distribució urbana pot contribuir a resoldre el problema de la presència del receptor a l'establiment.

4.2 Gestió de la capacitat de la xarxa: taxes a la circulació urbana

• Descripció i objectius

Les taxes a la circulació urbana, també conegudes com a peatge urbà, són normalment una resposta a la congestió, que pretén assignar de forma més eficient la capacitat de la xarxa urbana.

En l'actualitat, algunes ciutats europees s'han plantejat o ja han dut a terme aquesta mesura, que se sol basar en els següents motius:

- La necessitat de donar resposta a la congestió viària creixent.
- El compromís de reduir la contaminació en el medi ambient urbà.
- L'exigència de finançar els nous requeriments d'infraestructures i serveis de transport públic.

En el marc actual de la mobilitat, el vehicle privat s'ha acostumat a una sèrie de prioritats sense tenir en compte els costos externs que aquest fet genera, tant els relacionats amb l'economia com els relacionats amb la qualitat de vida. La taxa de congestió urbana és una eina de política de transport que pot ajudar a equilibrar el desajust que s'ha creat a favor del vehicle privat, gràcies al principi de qui contamina paga.

Entre els objectius que persegueixen les ciutats que tenen aquest sistema implantat (Londres, Singapur, Estocolm i Califòrnia) es barregen les de millorar la circulació i/o pacificar els centres de les ciutats amb la voluntat de generar ingressos de cara a la millora del transport públic.

• Funcionament

Control

Tot i que el seu disseny depèn en gran mesura de la geografia de la ciutat i de les condicions locals de la mobilitat, la majoria dels sistemes fixen un perímetre a partir del qual afecta el peatge urbà.

Amb referència a les quotes, en algunes ciutats els turismes que es detecten per la zona de regulació paguen una taxa fixa de congestió en certes franges horàries. Altres ciutats utilitzen una taxa variable, que és màxima a les hores punta dels dies laborables i pot arribar a ser inexistent en hores vall i caps de setmana. Tot i que el més usual és que les ciutats no cobrin taxa en cap de setmana, algunes ciutats en cobren en horari comercial els dissabtes a causa de l'existència de congestió.

Pagament

En tots els sistemes instal·lats s'utilitzen càmeres per fotografiar el número de les matrícules i generar llistats. Aquests llistats, posteriorment, es creuen amb les dades de pagament per tal de detectar les infraccions.

En general, la taxa està prefixada i no requereix cap esforç de càlcul. No obstant, en el cas de Singapur, on la taxa depèn de molts factors, s'ha creat una targeta intel·ligent inserida en el vehicle que dedueix la quantitat que ha de pagar l'usuari en funció de les velocitats de la via, el nombre d'usuaris, etc.

Pel que fa al termini de pagament, normalment es troba acotat a uns dies després del pas per la zona amb taxa. Amb referència al mètode de pagament s'acostuma a fer a establiments autoritzats, via internet o telèfon mòbil, directament, etc.

Acostumen a estar exempts del pagament de la taxa els vehicles d'emergència, els usuaris amb minusvalideses, vehicles híbrids, etc. En la majoria dels casos (a excepció d'Estocolm) els residents no paguen la taxes. No és el cas dels transportistes ni dels operadors logístics que sí que en paguen.

• Avantatges i inconvenients

Entre els avantatges de la mesura, destaquen:

- Els usuaris de l'autobús en surten beneficiats ja que es produeix un augment de la seva velocitat comercial, la freqüència de pas i la fiabilitat.
- En alguns casos s'ha experimentat un creixement del nombre d'usuaris del transport públic.
- S'aconsegueixen millors condicions de treball per als empleats del transport.
- Els períodes de congestió intensa es redueixen i, en conseqüència, també es redueix el temps per accedir a la ciutat.
- S'obtenen millores substancials en els nivells de contaminació en el centre de la ciutat.

Entre els inconvenients de la mesura, destaquen:

- Probable reacció ciutadana i del comerç en contra del peatge (necessitat de campanyes informatives).
- La majoria dels beneficis que s'obtenen amb la mesura són difícilment quantificables.
- Necessitat d'invertir en tecnologia.
- Cal preveure i actuar en conseqüència sobre el possible increment d'usuaris de transport públic.
- Possibles efectes negatius a la frontera de la zona amb peatge relacionats amb la congestió.

Figura 39. Senyalització de zona afectada pel peatge urbà a Londres.

• Recomanacions

Cal tenir en compte, tot i els beneficis anomenats, que aquests són en gran mesura qualitatius i, per tant, difícilment quantificables econòmicament. D'altra banda, cal tenir en compte la facilitat que es té per calcular els costos que ha d'assumir l'usuari. Aquest fet provoca la necessitat que aquest tipus d'iniciatives vagin acompanyades d'un suport polític i social per tal que no fracassin.

Entre els factors que poden contribuir a l'acceptació de la taxa per congestió es troben:

- Que les alternatives al vehicle privat siguin de qualitat, amb serveis d'autobús i de tramvia competitius en preu i temps. Per aquesta raó, sembla una bona opció reinvertir els progressos de la taxa per congestió en la millora del transport públic.
- Les ciutats amb pitjors problemes de trànsit no són necessàriament aquelles on la taxa per congestió serà més benvinguda. Les ciutats amb quotes de transport públic elevades es troben potencialment més predisposades.
- El sistema de preus i pagament ha de ser molt clar i fàcil d'usar. Cal incorporar la complexitat de forma gradual per tal de facilitar-ne l'adaptació.
- El sistema ha d'evolucionar adaptant-se a les necessitats dels usuaris. El termini de pagament, per exemple, s'ha anat ampliant en algunes de les ciutats on el sistema és vigent, a petició dels usuaris.
- És important comptar amb el suport de l'estament social i polític, que sol ser un repte més gran que no pas la viabilitat tècnica.
- Com tota acció per gestionar la mobilitat, cal que vagi acompanyada d'una campanya de comunicació que expliqui que la situació és insostenible i que cal actuar.

Figura 40. Peatge urbà de cost en franja horària de 10 Kr (corona noruega).

CAS 15. PEATGE URBÀ A SINGAPUR

Objectius	El peatge urbà de Singapur afecta les principals carreteres, autopistes i també les zones o barris més comercials. Els objectius que persegueix la mesura són: – Reduir el volum de trànsit a les principals artèries de la ciutat. – Reduir el volum de trànsit a les zones comercials. – Disminuir les emissions contaminants a l'atmosfera.
Descripció	En l'actualitat, el peatge es troba en funcionament amb un sistema electrònic (ERP) tot i que s'estan fent proves per a un nou sistema GPS. *Funcionament* – El sistema de pagament funciona des de l'any 1975, quan el control es feia visualment. L'any 1998 es va instal·lar el control electrònic. – S'han ubicat punts de control a les carreteres que comuniquen amb el districte econòmic central i amb altres zones, com el *Downtown Core,* on s'apleguen gran quantitat d'oficines i gratacels. També s'ha instal·lat a les autopistes i artèries de la ciutat per tal d'intentar reduir la congestió en hores punta. – Els vehicles de Singapur han de dur obligatòriament un dispositiu electrònic (IU) que carrega directament els imports en el compte bancari del titular del vehicle. Els vehicles visitants tenen opció de llogar un IU o de pagar una quota diària de 5 $. – El preu del peatge és variable. Depèn de l'hora del dia i de les condicions del trànsit (com més dens és, més es paga). – El preu també depèn del grau d'ocupació de la via. Els camions grans, per tant, paguen més que els vehicles privats, i les motos la meitat que els cotxes. Només estan exclosos de pagament els autobusos i els vehicles d'emergència. *Principals avantatges* – Des de la implantació (1975) el volum de trànsit s'ha reduït a la meitat. – La velocitat mitjana ha augmentat un 20 %. – Millor aprofitament de la capacitat viària. *Principals inconvenients* – Augment del trànsit a petites carreteres excloses de pagament. A més, aquestes tenen menys capacitat i, per tant, es formen grans embussos. – Mesura amb mala fama entre els automobilistes.
Més informació	Land Transport Authority Singapore (www.lta.gov.sg).

CAS 16. PEATGE URBÀ A ESTOCOLM (SUÈCIA)

Objectius	El peatge urbà d'Estocolm afecta les divuit vies d'entrada i sortida del centre de la ciutat. Els objectius principals que persegueix la mesura són: – Reduir les congestions a l'entrada de la ciutat, reduir el nombre de vehicles de motor i, per tant, fer el trànsit més fluid. – Fomentar l'ús del transport públic i disminuir així la contaminació ambiental. – Incentivar l'ús de vehicles impulsats per fonts d'energia renovables.

Descripció	*Funcionament*
	– Els peatges s'instal·len a les vies d'entrada de la ciutat (divuit en total). Cadascuna conté més d'un centenar de càmeres que llegeixen automàticament les matrícules dels vehicles. Aquesta dada és enviada conjuntament amb les dades horàries al centre de control de dades on es relaciona la matrícula amb el propietari del vehicle.
	– El pagament es pot efectuar a través d'internet, al banc, o a botigues especialitzades. També s'ofereix la possibilitat d'un dispositiu electrònic connectat amb el compte bancari del propietari del vehicle que permet fer els pagament automàticament *(teletac)*.
	– Es va efectuar un període de prova de set mesos entre el gener i el juliol de 2006. Posteriorment, va ser ratificat en referèndum i, finalment, aprovat.
	– L'horari del peatge és de 6.30 h. a 18.30 h. els dies laborables. Durant la nit i els caps de setmana és gratuït. El preu de la taxa és variable, però és més elevada durant les hores punta dels dies laborables. No hi ha cap tipus de descompte o exempció per als residents.
	– Els vehicles amb fonts d'energia neta o poc contaminants, com l'etanol, vehicles elèctrics, gas natural, hidrogen, etc., estan exempts de la taxa.
	– Altres tipus de vehicles com motocicletes, vehicles d'emergència i alguns tipus de vehicles comercials també estan exempts de pagar. No hi ha cap tipus de descompte o exempció per als residents.
	– S'han introduït noves línies d'autobusos i reforçat línies ja existents. S'ha millorat també la freqüència horària dels trens per incentivar-ne l'ús.
	– En el projecte es troben implicats:
	  - Govern Central.
	  - Ajuntament d'Estocolm.
	  - Autoritat del Transport d'Estocolm.

	Principals avantatges – El nombre de conductors que considera que hi ha greus problemes de trànsit ha disminuït d'un 50 % a un 25 % (percepció positiva sobre el trànsit). – Reducció aproximada del 20 % en el volum de trànsit (augment del transport públic). – Duplicació de la velocitat mitjana en les hores punta. Gran millora de l'eficiència dels autobusos. – Disminució entorn un 9-14 % de la contaminació atmosfèrica. *Principals inconvenients* – Alt cost d'inversió inicial (requereix instal·lar controls a totes les vies d'entrada de la ciutat, reforçar el transport públic, etc.). – Queixes dels qui viuen fora de la ciutat però hi treballen. – Queixes d'alguns usuaris habituals del transport públic per massificacions després d'adoptar el peatge.
Més informació	The Official Gateway to Sweden (www.sweden.se).

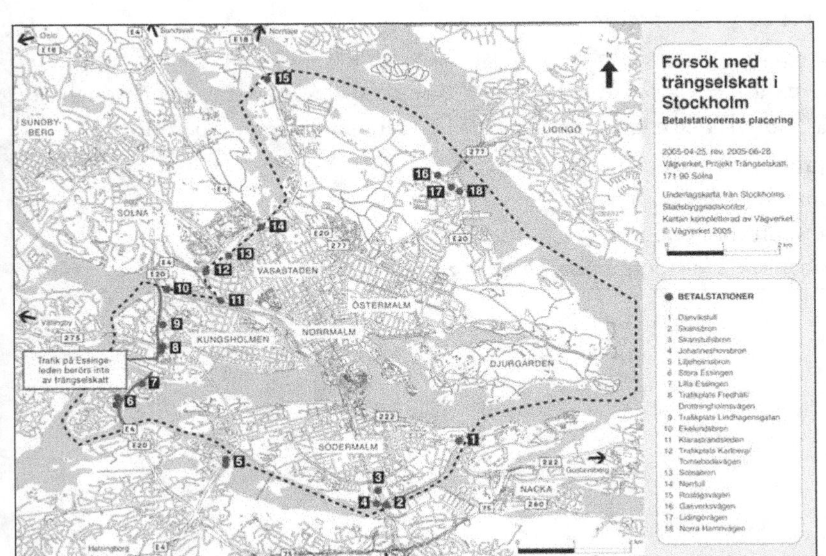

Figura 41. Principals entrades i àrea d'influència del peatge urbà.

Figura 42. Peatge urbà amb cost variable en funció de l'hora (Estocolm).

CAS 17. PEATGE URBÀ A LONDRES (REGNE UNIT)

Objectius	El peatge urbà de Londres afecta l'àrea central de la ciutat i ocupa una àrea de 32 km^2 en total. La mesura neix amb els objectius de: – Reduir la congestió viària a la zona central de Londres. – Augmentar la velocitat mitjana i reduir el temps de viatge dels usuaris. – Millorar la distribució de mercaderies. – Aconseguir grans millores en la circulació dels autobusos. – Millorar la qualitat ambiental i les condicions de salubritat al centre.

Descripció	*Esquema de funcionament*
	– Es va dur a terme una consulta amb els agents socials durant divuit mesos. També es van realitzar campanyes informatives amb un telèfon d'informació i llocs web específics. Els sondejos van mostrar que l'opinió pública estava dividida sobre aquesta mesura, però la majoria pensava que calia dur a terme alguna acció per solucionar el problema de les congestions.
	– La taxa de congestió, a diferència d'altres models de peatge urbà, és una quantitat fixa de 12 € (7,5 € fins al 2005) i dóna dret a accedir a la zona restringida de 7 h. a 18.30 h. de dilluns a divendres.
	– Els residents tenen un descompte del 90 % i els vehicles de servei públic, els no contaminants i les motocicletes estan exempts de pagar.
	– Es pot efectuar el pagament abans o després d'accedir-hi. En cas de pagar després es disposa de temps fins a les 20 h., moment a partir del qual es tramita la multa.
	– Es pot efectuar el pagament mitjançant internet, SMS, màquines de pagament al carrer, per correu i per telèfon.
	– Un sistema de càmeres (688 en total) enregistra la matrícula dels vehicles que accedeixen a la zona restringida en una base de dades. Posteriorment, aquesta es compara amb la que conté els pagaments i es tramiten les multes pertinents.
	– En el projecte, s'hi troben implicats:
	  - Ajuntament de Londres.
	  - Transport for London.
	  - Residents, treballadors i visitants de la zona central de Londres.

	Principals avantatges – Reducció de la congestió a la zona restringida d'un 30 %. – Millora de la velocitat comercial dels autobusos i augment del nombre d'usuaris. – Reducció d'un 18 % del trànsit a la zona restringida (disminució del vehicle privat i augment del nombre d'autobusos i taxis). – Ingressos de 131 milions d'euros (2004 i 2005) invertits a autofinançar el sistema i a millorar la xarxa d'autobusos. – Satisfacció dels residents per la reducció de les congestions i per la millora de la qualitat de l'aire, soroll i transport públic. – Disminució del 12 % de les emissions de NO a la zona central i un percentatge similar en l'emissió de partícules en suspensió. *Principals inconvenients* – Les dades més recents indiquen un augment de la congestió a causa de l'acomodament al peatge urbà. – Associacions de comerciants manifesten una disminució de les vendes del 5 % i perceben una disminució dels ingressos. – Els comerciats del centre de Londres manifesten no haver notat cap millora en les operacions de càrrega i descàrrega i avituallament des que es va implantar la mesura.
Més informació	Transport for London (http://cclondon.tfl.gov.uk).

Figura 43. Indicació de peatge urbà.

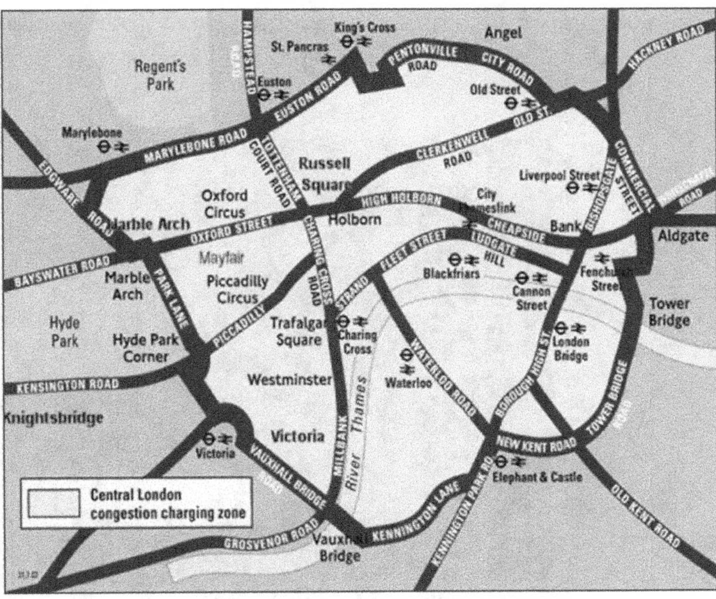

Figura 44. Zona afectada pel peatge urbà (Londres).

4.3 *Gestió de la capacitat de la xarxa: regulació i restricció d'accessos*

• Descripció i objectius

En general, cal diferenciar les accions destinades a la regulació de les destinades a la restricció:

- *Regulació.* Va encarada a fer circular els vehicles de mercaderies per les vies més adients a l'interior de les ciutats. Té per finalitat protegir determinats espais urbans de la presència d'algunes tipologies de vehicles que podrien ocasionar molèsties o conflictes.
- *Restricció.* Va destinada a promoure les zones de vianants. Pot tenir diversos objectius entre els quals destaquen protegir determinats espais urbans amb valors arquitectònics, culturals o comercials de la presència de vehicles motors, potenciar l'activitat comercial d'una zona, etc.

• Avantatges i inconvenients

Entre els avantatges de la mesura, destaquen:

- Evita el pas de vehicles de mercaderies per carrers no adequats.
- Contribueix a potenciar el caràcter comercial d'una zona o barri.
- Protegeix espais amb valor arquitectònic i/o cultural.
- Proporciona als ciutadans espais de lliure passeig.

Figura 45. Barrera física d'entrada en una zona de vianants.

Figura 46. Senyalització per a les zones amb prioritat per a vianants.

Entre els inconvenients de la mesura, destaquen:

– Requereix una concertació amb els agents implicats (comerciants, principalment).
– És necessari dur a terme una bona senyalització, indicant alternatives de pas.
– Cal introduir tecnologia per gestionar el sistema.

• Recomanacions

– *Adaptar el criteri de regulació d'accés a la ciutat en qüestió.* El criteri de limitació d'accés ha de ser realista i adaptat a les particularitats de cada ciutat. En aquest model, l'ús de vehicles grans pot causar més conflictes i molèsties, però l'ús de vehicles petits pot obligar a l'operador a augmentar el nombre de desplaçaments. Cal tenir en compte aquesta consideració per als operadors que porten gran volum de mercaderies però a una única destinació com, per exemple, el cas d'un gran centre comercial.
– *Concertar amb els agents implicats.* Com en el cas de les ordenances, és necessari establir una regulació consensuada amb tots els agents de manera que es tinguin en compte les particularitats de cadascun.
– *Caracteritzar els vehicles afectats per la regulació o restricció.* Habitualment es fa servir l'indicador MMA (massa màxima autoritzada) que ajuda a protegir els paviments més fràgils i evitar el soroll i el fum a determinats carrers. No obstant, hi ha altres indicadors com les mides dels vehicles, els nivells d'emissions sonores o el tipus de mercaderia que seran més o menys eficients depenent del conflicte que es vulgui resoldre.
– *Delimitar els horaris de les restriccions.* Caldrà conjugar els objectius que es

persegueixen amb la realitat de cada zona. En aquest sentit, hi ha diversos àmbits urbans que requereixen tractes diferenciats com el centre urbà, el nucli urbà, les zones de vianants, etc.

— *Senyalitzar de forma adient.* Les regulacions o restriccions d'accessos han d'anar acompanyades d'una senyalització clara i visible amb suficient antelació.

— *Donar alternatives de pas.* Convé que certes mesures restrictives vinguin acompanyades per alternatives que permetin als operadors funcionar amb normalitat. En són un exemple les rutes de camions, que podríem classificar en tres grups:

Figura 47. Franja horària d'ús per a vianants (imatge del Portal de l'Àngel, Barcelona).

Figura 48. Franja horària d'ús per a càrrega i descàrrega (imatge del Portal de l'Àngel, Barcelona).

CAS 18. REGULACIÓ D'ACCÉS A L'ILLA DE VIANANATS DEL PORTAL DE L'ÀNGEL (BARCELONA)

Objectiu	El Portal de l'Àngel forma part d'una illa de vianants denominada «perímetre gòtic nord». Aquest perímetre queda delimitat per la plaça de Catalunya i els carrers Fontanella, Via Laietana, Jaume I, Ferran i La Rambla. L'objectiu principal que va perseguir la mesura va ser el de potenciar el caràcter comercial, turístic i de zona de vianants del perímetre en qüestió.
Descripció	La restricció dins l'illa de vianants estableix que cap vehicle pot circular en els següents horaris: – De dilluns a dissabte: d'11 h. a 15 h. i de 17 h. a 20 h. – Diumenge: de 9 h. a 21 h. Fora d'aquest horari, els vehicles distribuïdors poden entrar i estacionar davant del comerç durant trenta minuts per dur a terme la càrrega i descàrrega. La distribució a l'illa de vianants queda, doncs, condicionada als horaris permesos de càrrega i descàrrega segons l'ordenança municipal i a la restricció d'accés als vehicles. Per tant, les finestres de càrrega/descàrrega queden restringides tal com es mostra a continuació: 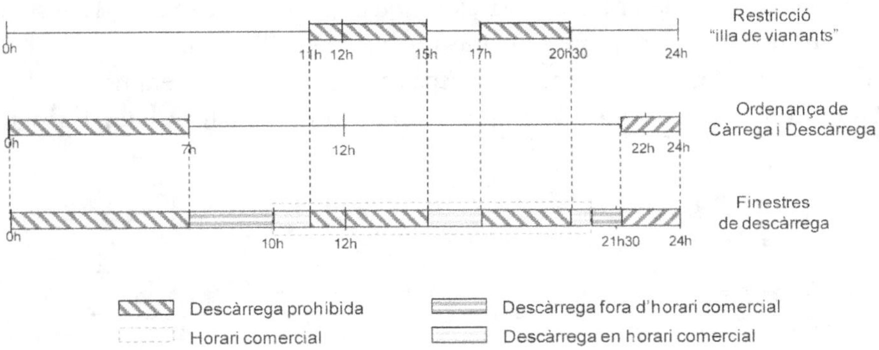 La regulació d'accés va provocar en un inici que tant comerciants com transportistes s'haguessin d'acostumar al nou model de funcionament, que no els permetia operar com ho havien fet fins al moment. Passat un temps d'adaptació, la mesura s'ha demostrat com a molt positiva i ha convertit el carrer en un dels principals pols atractius per a l'activitat comercial de la ciutat.
Més informació	Ajuntament de Barcelona (www.bcn.cat).

– *Rutes estratègiques:* fan servir les carreteres principals per a desplaçaments llargs entre punts estratègics.

– *Rutes de distribució zonal:* són les carreteres que enllacen les rutes estratègiques i que serveixen de camí entre aquestes i una àrea concreta.

– *Rutes d'accés local:* són els carrers que permeten l'accés a llocs concrets.

Les rutes han de contenir els diferents nivells de carreteres i les seves interconnexions, procurant que passin per les zones amb més demanda de transport de mercaderies. A més, cal tenir en compte que les carreteres escollides siguin «aptes» per a vehicles grans i pesants.

La concertació amb agents implicats, i també la bona senyalització de les rutes (tant a carreteres com en els mapes) són pilars bàsics per a l'èxit d'aquest tipus de mesures.

4.4 Gestió de la capacitat del vehicle: aprofitament del factor de càrrega

• Descripció i objectius

S'entén per *factor de càrrega* «la ràtio resultant de dividir la quantitat de càrrega que transporta un vehicle entre la seva capacitat màxima de càrrega. Aquesta quantitat de càrrega es pot mesurar en massa (tones) o en volum (litres)».

En els darrers anys, el factor de càrrega ha augmentat lleugerament a alguns països de la Unió Europea, tot i que a la majoria de llocs aquest factor s'ha mantingut estable.

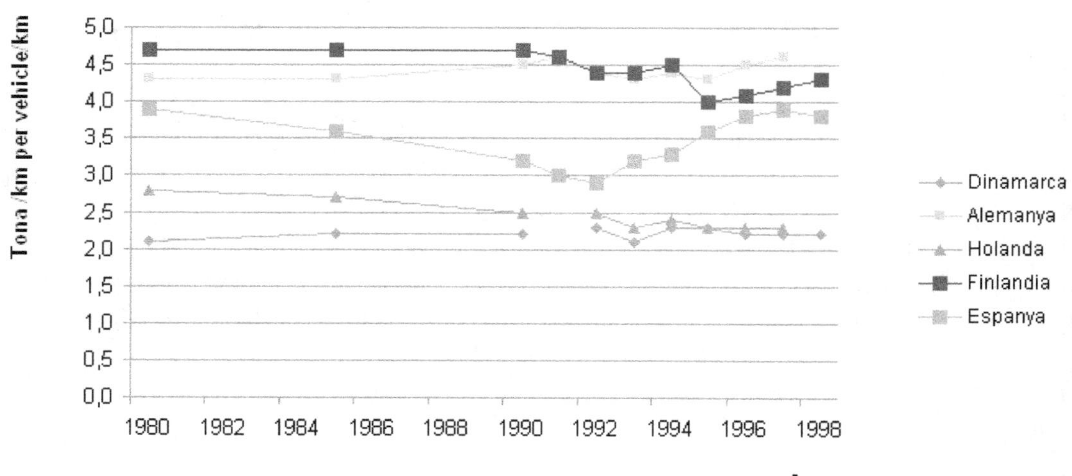

Figura 50. Factors de càrrega en el transport per carretera. Font: Eurostat 2001.

El factor de càrrega resulta un bon indicador a l'hora de calibrar quina és l'eficiència que presenten les empreses de transport en les seves operacions. Tot i que no existeixen, a escala europea, grans objectius per incrementar el grau de càrrega dels vehicles, alguns estats membres han engegat iniciatives per millorar l'eficiència del transport de mercaderies:

- **Alemanya.** S'ha pres la iniciativa de minimitzar els viatges en buit i, en general, d'incrementar l'eficiència del transport mitjançant les tecnologies de la comunicació i la informació.
- **Regne Unit.** Dóna suport als esforços del teixit industrial per detectar oportunitats de reduir els viatges tant en buit com amb baix nivell de càrrega, mitjançant la inversió en noves tecnologies com les de la informació, que faciliten la càrrega compartida i millor planificació de rutes.
- **Dinamarca.** El govern danès subvenciona projectes pràctics que tinguin com a objectiu promoure un transport més respectuós amb el medi ambient. En aquest context, existeix un elevat interès per millorar el grau de càrrega dels camions, tant per llarga distància com per la distribució urbana.
- **Finlàndia.** Realitza projectes per aconseguir una distribució de mercaderies més eficient, i així reduir el creixement del sector del transport (incloent aquí projectes per al creixement del factor de càrrega). Els projectes esmentats, com els d'altres països europeus, també aposten per la tecnologia com a mitjà per aconseguir-ho.

Tal com s'ha pogut comprovar, les tecnologies de la informació i la comunicació tenen un paper decisiu en el camí cap a l'eficiència del transport. En els darrers anys, les tecnologies esmentades han possibilitat a les empreses optimar les seves rutes i el factor de càrrega dels seus vehicles; tot i això, encara queda molt camí per recórrer.

• Avantatges i inconvenients

Entre els avantatges de la mesura, destaquen:

- Es disminueix globalment el consum de combustible i, en conseqüència, les emissions.
- S'evita realitzar viatges en buit.
- Es dóna una major eficiència al transport i s'obté una disminució de costos.

Entre els inconvenients de la mesura, destaquen:

- Requereix un esforç de planificació per part de les empreses privades.
- És necessari invertir en programes informàtics per optimitzar els fluxos.

• Recomanacions

– Pensar que el disseny del format dels embalums en funció dels tipus de vehicle que els transportarà pot ser molt útil a l'hora d'aconseguir millores en l'aprofitament del factor de càrrega. Aquest fet pot suposar per a les empreses un estalvi de distàncies, combustible, etc.

– En aquest aspecte, destaca el productor francès de patata triturada anomenat VICO, que va canviar les dimensions de les seves caixes d'empaquetatge per tal de millorar els factors de càrrega dels vehicles utilitzats per a la distribució. Combinant aquesta acció amb la introducció de programes informàtics especialitzats en l'optimització del desplaçament, el grau de càrrega es va incrementar en un 60 %. En un any, i amb un nombre d'embalums transportats semblant, el nombre de vehicles requerits es va reduir en 2.000 (de 10.000 a 8.000), es van reduir les distàncies recorregudes en 960.000 km i el consum de combustible en 300.000 l. Cal destacar que el cost de la inversió va ser de 60.000 € i el temps de retorn de la inversió esmentada va ser inferior a un mes.

– La tecnologia és una eina molt potent a l'hora de contribuir a optimitzar la distribució urbana d'una empresa. La inversió inicial pot ser recuperada ràpidament amb importants millores d'eficiència en els desplaçaments.

– Les experiències de prova són la base de futures implementacions per a la millora de la logística urbana. En aquest sentit, experiències com la duta a terme a Copenhaguen, on els vehicles amb factors de càrrega superiors al 60 % tenien certes preferències o zones de càrrega reservades, contribueixen a millorar l'eficiència del transport.

– Un major grau d'interlocució entre empreses amb tipologies de productes semblants podria suposar un significatiu avenç cap a la millora dels factors de càrrega en àmbit urbà. Aquest fet podria contribuir a realitzar una planificació conjunta que permetria minvar el percentatge de viatges en buit.

Figura 49. Vehicles utilitzats a Bristol per al projecte Start.

CAS 19. PROJECTE *START*
(*SHORT TERM ACTIONS TO REORGANIZE TRANSPORT OF GOODS*)

Objectius	Davant un actual model de distribució de mercaderies que no és energèticament eficient i que emet gasos contaminants a l'atmosfera, el projecte *Start* estableix objectius a curt termini i combina les accions de restringir l'accés, amb centres de consolidació i incentius amb l'objectiu de fer el transport de mercaderies més sostenible. En el projecte participen les ciutats de Bristol, Göteborg, Ljubljana, Ravenna i Riga que s'han unit amb col·laboradors locals. S'han introduït i desenvolupat mesures que beneficien els negocis i els ciutadans, fan la distribució de mercaderies més eficient i redueixen la contaminació emesa. Els objectius del projecte *Start* es basen en una estreta col·laboració entre les autoritats públiques locals, empreses de transport i negocis locals, amb l'establiment de xarxes de transport local a cadascuna de les ciutats participants. Les xarxes esmentades seran objecte de reunions periòdiques per analitzar l'estat del projecte.
Descripció	Les accions dutes a terme pel projecte es tradueixen en: *Restriccions d'accés* – Desenvolupar zones de protecció ambiental amb aproximadament tres nivells de restricció en funció del factor de càrrega del vehicle (Göteborg). – Introduir restriccions d'accés al centre de la ciutat (Ravenna, Riga). – Introduir restriccions d'accés i mesures de prioritat per promoure l'eficiència del transport de mercaderies (Bristol). *Centres de consolidació* – Afegir venedors addicionals a l'experiència del centre de consolidació ja engegat (fins a un total de seixanta), fet que permet aconseguir una reducció estimada del 50 % dels desplaçaments de mercaderies i doblar el factor de càrrega. – Engegar un centre de consolidació amb els objectius de reduir la mobilitat de mercaderies a una zona delimitada i incrementar el factor de càrrega dels vehicles (Göteborg, Ravenna). – Desenvolupar un concepte innovador de model logístic d'una ciutat (Ljubljana). *Incentius* – Desenvolupament d'incentius per a vehicles amb elevats factors de càrrega o «vehicles nets» (Göteborg). – Campanya de promoció per introduir vehicles de biofuel (Riga).
Més informació	Projecte *Start* (www.start-project.org).

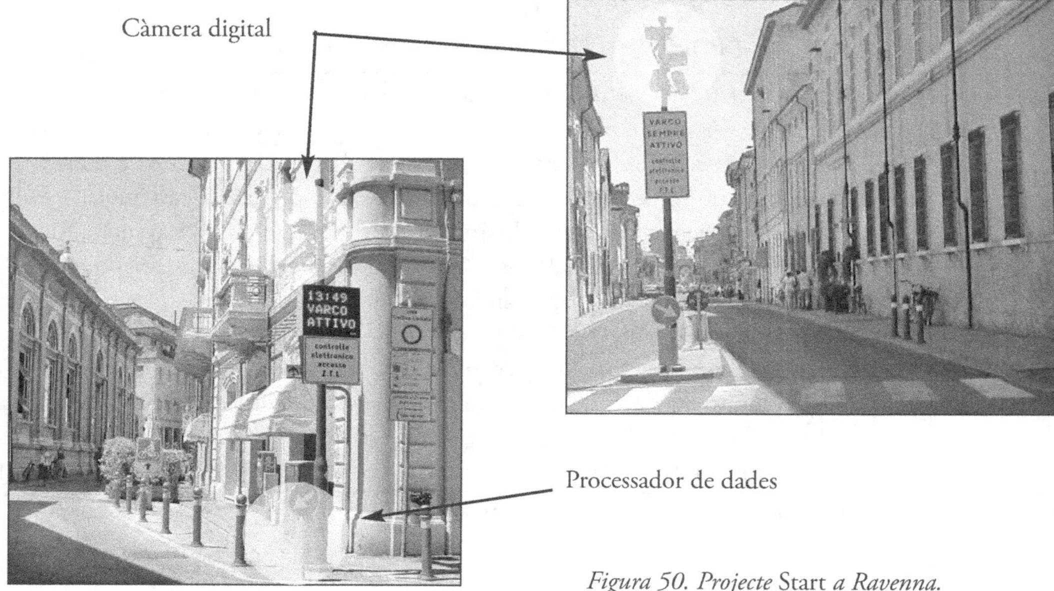

Figura 50. Projecte Start *a Ravenna.*

5 Accions de sostenibilitat

5.1 *Vehicles amb menors emissions (gasos contaminants i d'efecte hivernacle)*

• Descripció i objectius

L'objectiu principal d'aquesta mesura és adaptar la distribució urbana de mercaderies a les noves exigències mediambientals de les ciutats, i reduir el mínim possible les emissions de gasos d'efecte hivernacle i de partícules en suspensió derivades de la utilització de combustibles fòssils tradicionals, bàsicament petroli.

Existeixen diferents solucions per a la substitució dels combustibles tradicionals. Algunes de les solucions que s'han desenvolupat en els darrers anys són:

- Gas natural vehicular.
- Hidrogen.
- Biocombustibles (bioetanol i biodièsel).
- Vehicles elèctrics i/o híbrids.
- Vehicles de tecnologia convencional d'acord amb directives com l'Euro III i l'Euro IV.
- Bicicletes o tricicles amb propulsió mecànica o elèctrica.

• Avantatges i inconvenients

Entre els avantatges de la mesura, destaquen:

- Els vehicles que es mouen amb combustibles alternatius són més respectuosos amb el medi ambient (menys emissions de gasos contaminants i d'efecte hivernacle).
- Els vehicles que es mouen amb combustibles alternatius solen ser més silenciosos.
- Contribueixen a la diversificació de les fonts de combustible i optimitzen l'ús de recursos.
- En alguns casos, com el del gas natural, el cost del combustible per quilòmetre és inferior.

Entre els inconvenients de la mesura, destaquen:

- En alguns casos, la tecnologia encara es troba en procés de desenvolupament i millora.
- Els vehicles que es mouen amb combustible alternatius requereixen normalment una inversió superior a la dels vehicles que funcionen amb combustibles «tradicionals».
- A causa de la seva permeabilitat en el mercat de l'automòbil, encara baixa, hi ha una manca de punts de recàrrega de combustible.
- És necessària la formació del personal.

• Recomanacions

La introducció de vehicles ecològics a les flotes dels operadors és fruit de la iniciativa privada. Els vehicles amb sistemes de propulsió alternatius tenen un cost superior al dels vehicles convencionals; no obstant, l'administració pot incentivar-ne la introducció amb mesures com:

- Subvencions directes per a l'adquisició de vehicles ecològics.
- Subvencions per a la substitució de vehicles vells.
- Incentius per a l'adquisició i ús de vehicles ecològics mitjançant prerrogatives com: reducció o exempció d'impostos, horaris de càrrega i descàrrega més amplis, accés a les àrees de vianants.
- Fomentar la cultura del vehicle ecològic mitjançant la incorporació de vehicles alternatius a les flotes municipals: parcs i jardins, serveis municipals, etc.
- Proporcionar als vehicles ecològics certs avantatges tals com zones de càrrega i descàrrega d'ús preferent.

CAS 20. VEHICLES ELÈCTRICS. PROJECTE *ELCIDIS* A ROTTERDAM (HOLANDA)

Objectius	L'objectiu principal del projecte fou demostrar la viabilitat de l'ús de vehicles elèctrics en la distribució urbana de mercaderies, demostrar els beneficis mediambientals i promoure, a més, l'ús d'aquest tipus de vehicles.
Descripció	Es tracta d'un projecte impulsat per l'administració local de Rotterdam i l'Associació Europea de Ciutats Interessades en Vehicles Elèctrics (Citelec). També s'inclou en el projecte el Programa d'Energia de la Comissió Europea. – *Elcidis* és un projecte europeu que intenta resoldre el problema mediambiental del transport per dues vies: d'una banda, la instal·lació dels anomenats centres de consolidació urbana i, de l'altra, la substitució dels vehicles dedicats a la distribució urbana convencionals per «vehicles nets» o ecològics. – A Rotterdam, tres companyies (TPG, VGL i NPD) concentren més del 70 % de la distribució urbana de mercaderies, i aquesta es realitzava amb furgonetes o camions petits. Amb el projecte *Elcidis,* el repartiment dins de la ciutat i rodalies es passa a fer amb vehicles elèctrics o mixtos, que realitzen enviaments a unes cent-cinquanta adreces cada dia en un sol viatge. Això condiciona que els vehicles tinguin prou autonomia i prou capacitat de càrrega per poder seguir amb el mateix sistema d'enviaments. Els vehicles utilitzats es mostren a la taula següent: <table><tr><td>*Núm.*</td><td>*Tipus de vehicle*</td><td>*Tipus de bateria*</td><td>*Càrrega (kg)*</td></tr><tr><td>3</td><td>Furgoneta elèctrica *Mercedes Sprint*</td><td>6x Zebra Z5C</td><td>1.250</td></tr><tr><td>4</td><td>Furgoneta elèctrica *Mercedes Sprint*</td><td>12x Zebra Z5C</td><td>1.000-1.500</td></tr></table>
Més informació	Projecte *Elcidis* (www.elcidis.org).

Figures 51 i 52. Camió a la zona de baixes emissions i senyalització d'aquesta mateixa zona a Londres.

CAS 21. ZONA DE BAIXES EMISSIONS A LONDRES (REGNE UNIT)

Objectius	L'ajuntament de Londres ha impulsat la zona de baixes emissions *(low emission zone)*. Es tracta d'una zona de l'àrea metropolitana de Londres, on es pretén que els vehicles dièsel més contaminants compleixin unes normatives estipulades en matèria d'emissió de gasos contaminants. Els vehicles que no les compleixin han de pagar una taxa diària. L'objectiu final de la mesura és millorar la qualitat de l'aire de Londres, una de les ciutats amb més contaminació d'Europa i, per tant, es vol acabar aconseguint que els vehicles circulin sense pagar la taxa, és a dir, complint els requisits normatius.
Descripció	La normativa afecta uns determinats tipus de vehicles i preveu uns terminis estipulats en cada cas: – Des de l'any 2008 s'ha de circular a un nivell d'emissions Euro III. Aquesta normativa afecta els vehicles de transport de mercaderies d'entre 3,5 i 12 t i els autobusos de més de 5 t. – A partir de l'any 2010 hauran de circular a nivell Euro III les furgonetes de menys de 3,5 t i els microbusos de menys de 5 t de pes. – A partir de l'any 2012 hauran de circular a nivell Euro IV els vehicles de mercaderies, caravanes i vehicles especialitzats de més de 12 t, a més dels autobusos i autocars de més de 5 t de pes brut. *Pagament.* Cal pagar una tarifa cada dia que el vehicle circuli per l'interior de la zona i no compleixi els estàndards d'emissions exigits. Les tarifes s'apliquen els 365 dies de l'any.
Més informació	Transport for London (www.tfl.gov.uk).

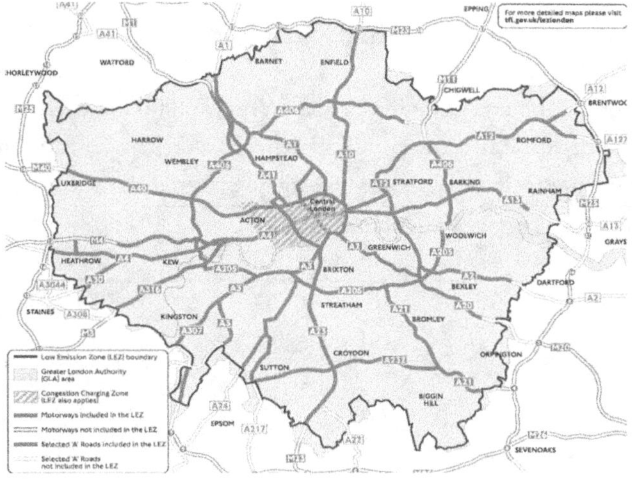

Figura 53. Mapa de definició de l'àrea d'influència de la zona de baixes emissions de Londres.

CAS 22. DISTRIBUCIÓ DE MENJAR AMB VEHICLES
DE GAS NATURAL COMPRIMIT A TORÍ (ITÀLIA)

Objectius	L'objectiu fonamentalment social o ambiental d'aquesta mesura és el de reduir les emissions de gasos contaminants a la zona centre de la ciutat de Torí. Això, a més, implica un benefici econòmic a causa del fet que, per normatives municipals, els vehicles que circulen amb gas natural comprimit (GNC) tenen accés il·limitat al centre de la ciutat.
Descripció	La iniciativa va comptar amb la introducció de vint-i-nou furgonetes accionades per gas natural comprimit a la flota d'una empresa de distribució de menjar de setanta-nou vehicles en total. L'empresa esmentada realitza la distribució des dels centres de producció ubicats als afores de la ciutat, als clients principalment ubicats en el centre de la ciutat. Es calcula que l'empresa transporta anualment 10.000.000 kg de menjar i que recorre uns 4.000.000 de quilòmetres. La companyia està molt satisfeta amb els vehicles de gas natural comprimit, tant des del punt de vista mediambiental com des del punt de vista econòmic i tècnic. Destaquen que aquests vehicles tenen grans avantatges respecte els vehicles dièsel: – Els costos de carburant són menors que en els vehicles dièsel (dièsel 1,178 €/l, GNC 0,815 €/m³). – Accés al centre de la ciutat sense restriccions ni limitacions. – Avantatges en l'adjudicació de contractes amb l'administració pública per a les empreses amb vehicles propulsats amb energies alternatives. – Manteniment molt semblant al dels vehicles dièsel. – Baix cost de revisions i manteniment (aprox. 200 € cada quatre anys). – Disponibilitat de tallers autoritzats pel control/manteniment dels vehicles. Però també destaquen una sèrie d'inconvenients respecte els vehicles dièsel: – Menor durabilitat del motor (al voltant de 140.000 km). – Menor capacitat de càrrega a causa del volum ocupat pels cilindres de gas. – Menors prestacions del motor (encara que per trànsit urbà no és important).
Més informació	Ajuntament de Torí (www.comune.torino.it).

CAS 23. VEHICLES ELÈCTRICS. PROJECTE *EVD–POST*

Objectius	Els objectius principals del projecte *EVD-POST* anaven encaminats a: – Posar a prova diversos sistemes de bateries amb diferent funcionament i sota condicions climàtiques diferents. – Posar a prova diversos sistemes de bateries respecte determinats criteris tècnics i econòmics diferents. – Establir i estendre un coneixement bàsic sobre els vehicles elèctrics a Europa. – Promoure un ús més ampli de vehicles elèctrics en usos postals i altres usos.
Descripció	El projecte va implicar a: – Cinc organitzacions postals de diferents països: Alemanya, Suècia, Finlàndia, França i Bèlgica. – Tres socis «no-postals» de Finlàndia. – L'Associació Europea de Ciutats Interessades en Vehicles Elèctrics (Citelec). – Un grup de cinc observadors que aglutinaven els serveis postals del Regne Unit, Portugal, Itàlia, Irlanda i Noruega. El projecte dut a terme en el període 1998-2000 es va coordinar des del servei postal de la ciutat de Bonn (Alemanya). En total es van posar en funcionament seixanta-un vehicles elèctrics: – El primer any es van posar en funcionament quaranta-nou vehicles a França, Bèlgica i Finlàndia. Tots funcionaven amb bateries convencionals de níquel-cadmi. El primer semestre de 1999 van entrar en funcionament sis vehicles més al *Posten Sveriege* de Suècia. – A finals de 1999, el servei postal d'Alemanya va posar en marxa sis vehicles nous que funcionaven amb un sistema de bateria avançat de sodi-clorur de nitrat (Zebra). Al finalitzar el projecte, el conjunt de vehicles havia realitzat un recorregut de més de 930.000 km, amb un consum d'energia d'entre 35 i 60 kWh per cada 100 km, depenent de cada cas. Això suposa una reducció del consum d'energia d'entre un 10 % i un 25 % respecte un vehicle benzina o dièsel de les mateixes característiques.
Més informació	www.evdpost.com. www.elcidis.org. www.thermie-transport.org. www.cordis.lu/eesd/home.html. europa.eu.int/comm/energy_transport/en/cut_en.html.

EXEMPLE DEL PROJECTE *EVD–POST* A SUÈCIA

Posten AB és una empresa pública dedicada al servei postal que dóna servei a més de quatre milions de llars i al voltant de 500.000 empreses. L'empresa processa aproximadament 22 milions d'articles de correu al dia, que es lliuren amb una flota de 5.900 vehicles motoritzats.

El *Club Car Carryall 2* és un vehicle lleuger elèctric emprat en diverses activitats tant industrials com d'oci (aeroports, camps de golf, etc.). Aquest vehicle proporciona un fàcil emmagatzematge dels paquets a la part posterior i permet accedir-hi amb facilitat des del seient del conductor. La maniobrabilitat del vehicle és senzilla i, tot i que no assoleix una velocitat punta elevada, l'acceleració del vehicle fa que s'adapti perfectament al tipus de trànsit de les zones residencials on es realitzen els serveis postals.

Originalment, els cotxes anaven equipats amb bateries de zinc-aire. Els primers resultats, però, van resultar desencoratjadors i l'empresa va decidir substituir-los per cotxes elèctrics lleugers (LEV). A mesura que avançava l'experiència, van anar adaptant el vehicle a les necessitats específiques del tipus de lliuraments, de manera que els conductors no haguessin de baixar del vehicle (un vehicle en feia al voltant de 400 al dia).

Els vehicles es feien servir per realitzar els lliuraments a Nacka, un ciutat de 56.000 habitants situada a 8 km d'Estocolm. A causa de les característiques de la zona (zona muntanyosa, amb cases disperses pel territori), es van augmentar la capacitat i l'autonomia de les bateries en un 40 %, i en alguns casos es va reduir el diàmetre de les rodes per facilitar l'arrencada en pujades.

Finalment, l'experiència va resultar exitosa ja que l'empresa va adquirir un total de 200 LEV d'una flota total de 500 vehicles de tres i quatre rodes destinats al servei postal.

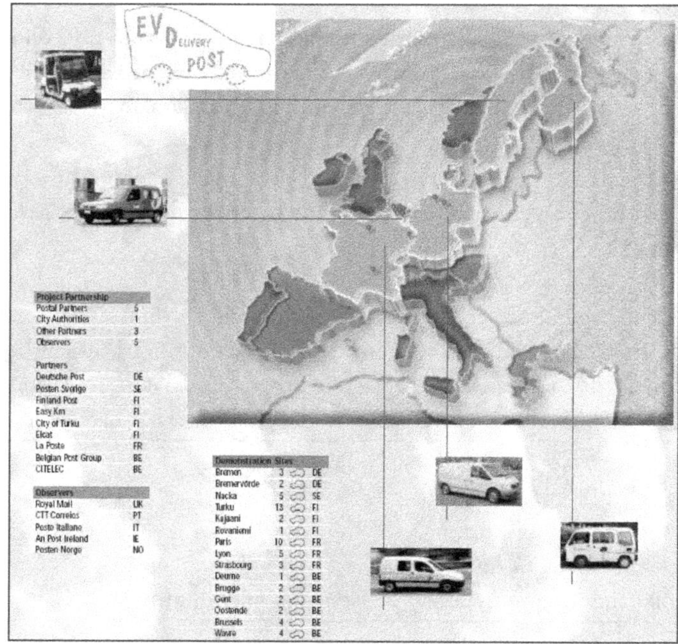

Figura 54. Ciutats participants en el projecte EVD-POST.

5.2   Vehicles amb menor impacte acústic

• Descripció i objectius

Un dels reptes més generalitzat a la majoria de ciutats europees és reduir al màxim les molèsties que la contaminació acústica provinent del trànsit rodat i l'operativa dels vehicles de mercaderies ocasionen als habitants.

Cal destacar que, tot i que existeix tecnologia suficientment avançada per minimitzar els nivells sonors dels vehicles i de les operatives, moltes empreses no les incorporen pel cost afegit que suposa. La necessitat de la tecnologia, però, esdevé imprescindible per a les empreses que fan transport nocturn de mercaderies a causa de l'exigència normativa que se'ls aplica.

És important conèixer que la contaminació acústica produïda per un camió de l'any 1970 equival a la produïda per dotze camions de l'any 2000, fet que demostra la important evolució tecnològica que s'ha experimentat (font: Renault Trucks).

Entre els sistemes de reducció de l'impacte acústic, destaquen:

Sistemes de refrigeració silenciosos *(figura 55)*
Els esforços es concentren en l'aïllament de la caixa del sistema de refrigeració (ubicació i fixació), desenvolupament de motors de baixes revolucions, tecnologies que desvinculin el sistema de refrigeració de l'activitat del motor del camió, etc. S'han aconseguit reduccions d'un 60 % del soroll, reduccions de costos de manteniment i d'emissions.

Insonorització (interior camió i paviment de zones de càrrega i descàrrega *(figura 56)*
Es realitza una insonorització gràcies a làmines compactades de *composites,* a alta pressió de capes de mig centímetre de plàstic líquid que solidifica amb gran densitat, esprais de poliuretà i cautxú granulat, etc. Aquestes solucions han aconseguit reduccions de fins 20 dB(A).

Rodes silencioses *(figura 57)*
Inclou conceptes com el disseny de rodes de plàstic tou, coixinets, juntes antivibració *(silent blocks),* estructures mecàniques que fomentin un contacte permanent amb el terra, etc. Aquesta acció s'ha convertit en fonamental per reduir el soroll en carretons i transpaletes.

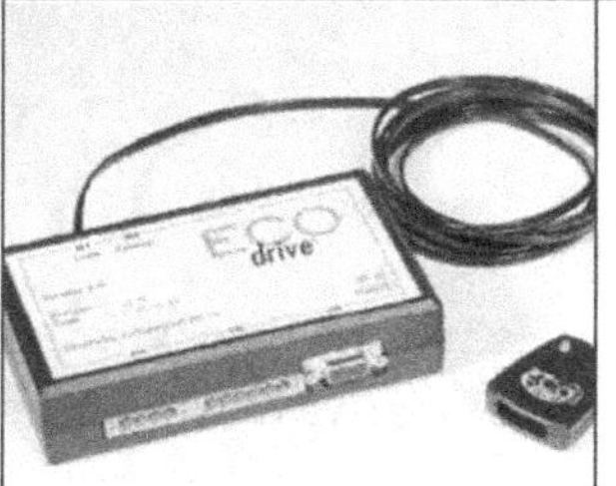

Dispositiu limitador de velocitat i revolucions *(figura 58)*
Davant d'un nombre màxim de revolucions o un límit de velocitat, el dispositiu talla l'admissió i no deixa sobrepassar aquest valor. Es limita així el soroll i el consum de combustible. En el futur, el dispositiu es podria connectar automàticament (via GPS) a l'entrada d'una ciutat.

Persianes elèctriques *(figura 59)*
S'incorporen conceptes com els tancaments silenciosos, els contactes rodats i plastificats a les guies, la persiana de plàstic (reducció de pes) i la incorporació d'automatització amb l'ajut de motors elèctrics que frenen la porta quan s'arriba al punt màxim d'obertura o de tancament. Aquest mecanisme ajuda a complir les exigències legislatives, ja que es troba per sota dels 57 dB(A).

Tancament silenciós de les portes *(figura 60)*
S'implanten sistemes de retenció de les portes, s'eliminen els contactes directes metall/metall, s'incorporen juntes de cautxú i, fins i tot, s'estan fent proves amb sistemes elèctrics automàtics i sistemes de pressió que aportin la pressió ideal per al tancament.

Tecnologies antivibració dels sistemes de tracció *(figura 61)*
El soroll dels sistemes de tracció està directament relacionat amb la velocitat de rotació dels elements de tracció. Els esforços se centren en l'aïllament acústic del motor i de l'arbre de tracció. Amb aquests sistemes, s'aconsegueix no sobrepassar els 65 dB(A).

Sistemes de subjecció de la càrrega *(figura 62)*
La retenció de la càrrega redueix el soroll global en marxa. S'ha optat per una solució senzilla que consisteix en una barra resistent que es fixa a un rail encastat al costat de tota la zona de càrrega del camió. Per reduir el soroll del contacte metall/metall, s'aplica una capa d'elements antifricció.

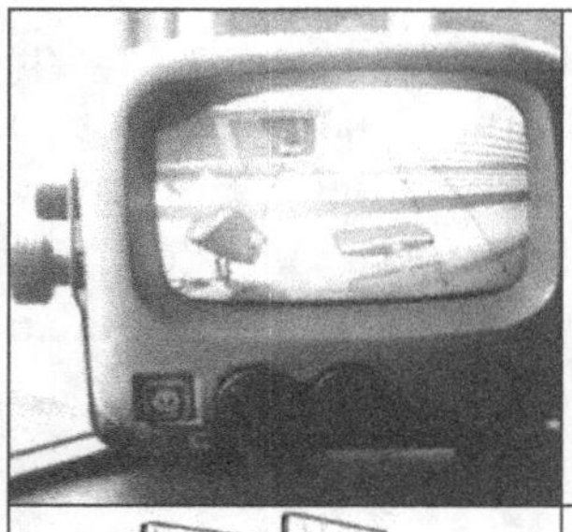

Sistemes de càmeres *(figura 63)*
Són elements de control pensats per substituir el sistema d'alerta de marxa enrere que genera 110 dB(A). Unes càmeres capten el que succeeix a la part posterior i als costats del camió. Es pot ampliar el sistema amb sensor de posició. Aquest element redueix el soroll i augmenta la seguretat viària.

Roll container (combi silenciós) *(figura 64)*
S'adopten conceptes com les rodes elàstiques de goma que eviten vibracions i fan que no se superin els 55 dB(A) (abans més de 80 dB), hi figuren els recobriments elàstics que actuen com a para-xocs, els elements de subjecció de càrrega i els *silent blocks* (connexió de les rodes amb l'estructura metàl·lica).

• Avantatges i inconvenients

Entre els avantatges de la mesura, destaquen:

- Millora la qualitat de vida a les ciutats i contribueix a reduir la contaminació acústica.
- Deixa d'ocasionar molèsties als veïns en horari de descans.
- Constitueix una garantia de no passar els límits de decibels marcats pel municipi.

Entre els inconvenients de la mesura, destaquen:

- És necessària una inversió superior a la dels vehicles convencionals.
- Es fa necessària, en el cas d'alguna de les tecnologies, la formació del personal.

• Recomanacions

Per tal de garantir que no se superin els límits marcats de contaminació acústica per les ordenances municipals, cal contribuir a:

- Promoure, mitjançant subvencions o amb avantatges fiscals, el fet que les empreses incorporin en el seu parc de camions i operativa els darrers avenços en tecnologia de reducció de sorolls.

– Millorar la formació del personal. Tota persona relacionada amb l'activitat ha de prendre consciència dels beneficis de la reducció del soroll i així adoptar una metodologia de treball orientada a la reducció dels nivells acústics. Campanyes internes de l'empresa, campanyes municipals, cursos de formació, codis de bones pràctiques etc. han d'informar sobre els aspectes relacionats amb la contaminació acústica.

CAS 24. *PIEK PROGRAMM* A HOLANDA

Objectius	L'objectiu fonamental era adaptar els vehicles de 65.000 empreses que es trobaven afectades per les noves legislacions contra el soroll ambiental.
Descripció	– Es va tractar d'un programa a llarg termini (1999-2004) dut a terme a Holanda que pretenia investigar sobre noves tecnologies que permetessin complir les noves exigències legislatives sobre emissions sonores. – Va ser un treball conjunt de tres ministeris (Construcció, Planificació de l'Espai i Medi Ambient; Assumptes Econòmics; Transport, Obres Públiques i Gestió de l'Aigua). – Les restriccions sonores a Holanda són de 65 dB de 19 h. a 23 h. i de 60 dB de 23 h. a 7 h. – El programa bàsic es descomponia en deu projectes, entre els quals destaquen: - Estudi de vehicles silenciosos per distribució (fins a 7,5 t de càrrega). - Estudi de vehicles silenciosos per distribució (més de 7,5 t de càrrega). - Estudi de sistemes de refrigeració a bord més silenciosos. - Carretons elevadors amb forquilles silencioses. - Reducció de soroll de contenidor rodant i transportadors de palets manuals o motoritzats. - Desenvolupament de la propulsió elèctrica o bé híbrida. – Alguns dels mecanismes de reducció del soroll utilitzats van ser: - Dispositiu limitador de velocitat i revolucions. - Persianes dels camions elèctriques. - Sistemes de refrigeració integrats i silenciosos. - Rodes de transportadors de càrrega silencioses. - Tancament de portes silenciós. - Tecnologies antivibració dels sistemes de tracció, etc.
Més informació	*Piek Programm* (www.piek.org).

6. Accions d'infraestructura

6.1 Disseny /implantació de zones de càrrega i descàrrega

• **Descripció i objectius**

Les zones de càrrega i descàrrega són espais a la via pública localitzats a les proximitats dels establiments comercials i reservats per a l'ús exclusiu de la càrrega i descàrrega de mercaderies. És una de les actuacions més generalitzades en el marc de la gestió municipal de l'espai urbà.

L'objectiu principal d'aquesta mesura és permetre l'operativa de càrrega i descàrrega a la via pública sense interferir en la lliure circulació de la resta d'usuaris.

• **Avantatges i inconvenients**

Entre els avantatges de la mesura, destaquen:

– Els agents de la distribució urbana de mercaderies disposen d'un espai dedicat en exclusiva.
– L'estacionament de vehicles dedicats a la distribució urbana en zones no adequades disminueix parcialment.

Entre els inconvenients de la mesura, destaquen:

– És necessari un seguiment de les zones periòdicament, per tal d'evitar que els usuaris autoritzats excedeixin el temps permès, i sobretot perquè els vehicles no autoritzats no hi estacionin.

Figura 65. Punt de càrrega i descàrrega respectuós amb el medi ambient.

CAS 25. PUNTS DE CÀRREGA I DESCÀRREGA RESPECTUOSOS AMB EL MEDI AMBIENT

Objectius	Aquesta experiència duta a terme a Bremen (Alemanya) persegueix: – Incentivar l'ús de vehicles amb baixes emissions contaminants (Euro V). – Accelerar la renovació de les flotes de vehicles de transport de mercaderies. – Optimitzar els serveis de repartiment al centre de la ciutat.
Descripció	*Marc* – A moltes ciutats europees el límit de partícules regulat (PM10) és superat freqüentment. A més, s'espera que en un futur les noves regulacions seran més restrictives (PM 2.5), tant per a partícules com per als NO. – Aquesta iniciativa sorgeix de l'acord entre l'ajuntament, una important companyia de transports i el proveïdor local de gas. La iniciativa esmentada es troba emmarcada en el projecte *Parfum*. – El projecte *Parfum* pretén ser el nexe d'unió entre els resultats de la recerca i desenvolupament i la implantació global de solucions per a la reducció de la contaminació causada pel transport, especialment les partícules en suspensió i NO. *Funcionament* – Les activitats de càrrega i descàrrega només estan permeses fins a les 11 h. a les zones de vianants. El punt de càrrega ecològic permetrà als vehicles que compleixin la normativa Euro V d'emissions efectuar tasques de càrrega i descàrrega durant l'horari en què està prohibit per a la resta de vehicles. – Perquè la implantació tingui èxit, l'Ajuntament de Bremen preveu realitzar un procés de concertació. *Principals avantatges* – La incentivació de l'ús de vehicles amb menys emissions que compleixin la restrictiva normativa Euro V. – Reducció d'emissions contaminants. Els nous vehicles de gas natural comprimit pràcticament no emeten partícules i les emissions de NO_2 són un 80 % inferiors comparades amb l'estàndard Euro IV. *Principals inconvenients* – Els costos derivats de la renovació de les flotes o la seva adaptació.
Més informació	Ajuntament de Bremen (www.umwelt.bremen.de).

Figura 66. Tracte preferent per als vehicles respectuosos amb el medi ambient.

Figura 67. Carril «multiús» en horari de càrrega i descàrrega (carrer Muntaner, a Barcelona).

• Recomanacions

– Definir la tipologia i les dimensions de les zones de càrrega i descàrrega segons el tipus d'establiments comercials. L'actuació que es durà a terme variarà sensiblement en funció del teixit comercial al qual doni servei (gran centre comercial, carrer comercial, carrer amb trànsit restringit, etc.).

– Establir una franja d'horaris àmplia que cobreixi els horaris comercials.

– Establir un límit de temps per efectuar l'operació de càrrega i descàrrega i incentivar

CAS 26. CARRILS «MULTIÚS» A BARCELONA

Objectius	Els carrils amb multiplicitat d'ús permeten adaptar la utilització del carril en funció de la necessitat més crítica, ja sigui per a tasques de càrrega en certes hores del dia, aparcament o la lliure circulació. Els carrils esmentats contribueixen a: – Augmentar la capacitat de càrrega i descàrrega en carrers molt comercials. – Millorar la fluïdesa del trànsit. – Reduir l'ús del transport privat.
Descripció	Es tracta de carrils amb senyalització variable que especifica l'ús del carril: – En hores punta, de dilluns a dissabte, funciona com a carril bus. – La resta del dia, fora de les hores punta durant els dies laborables, funciona com a carril per efectuar maniobres de càrrega i descàrrega. – Durant la nit dels dies laborables i els diumenges i festius, funciona com a zona de lliure aparcament. El primer carril s'instal·là l'any 1998 i actualment encara es troba en funcionament. És previst, en un futur, la implantació de nous carrils «multiús». *Usuaris afectats* Comerciants del carrer, transportistes que proveeixen els comerços, veïns, autobusos, taxistes i usuaris d'aquests mitjans de transport. *Balanç de l'experiència* – Reducció del temps de viatge en aquests carrers d'entre un 12-15 % – Reducció dels estacionaments il·legals, tant de vehicles privats com de parades de càrrega i descàrrega. Eliminació dels estacionaments en doble fila. – Millor aprofitament global de la calçada.
Més informació	Ajuntament de Barcelona (www.bcn.cat).

així la rotació (per exemple, trenta minuts). En aquest sentit, és recomanable l'ús d'algun sistema de control en el temps d'estacionament (disc horari, dispositius *ITS,* etc.).

– Habitualment, l'ús d'aquestes zones està limitat a un determinat tipus de vehicles per evitar-ne l'ús inapropiat.

– Cal acompanyar la mesura d'una clara i visible senyalització.

– Preveure la possibilitat d'introduir la mesura en combinació amb accions de sostenibilitat, com la de reservar certes places a vehicles més respectuosos amb el medi ambient.

6.2   Els espais logístics urbans (centres de consolidació urbana)

• Descripció i objectius

Entenem per *centre de consolidació urbana* (CCU) «una instal·lació logística situada relativament a prop de l'àrea geogràfica a la qual serveix (ja sigui un centre urbà, una ciutat sencera o bé un lloc específic, tal com un centre comercial), a la qual moltes empreses de logística lliuren els productes destinats a la zona en qüestió. Des d'aquests centres es realitzen els repartiments i es proporcionen serveis de logística i comerç de valor afegit».

En funció de l'objectiu, es poden diferenciar tres tipologies de centre de consolidació urbana:

- **Els que abasteixen un municipi.** L'àrea pot variar des d'una àrea específica de comerços al centre d'una ciutat o, fins i tot, una ciutat sencera (cas de la Rochelle).
- **Els que abasteixen una única direcció.** Creats per donar servei a una activitat concreta (cas del CCU comercial de l'aeroport de Heathrow, Londres).
- **Projectes especials de CCU.** Normalment s'han realitzat per a propòsits no comercials, i han donat servei a una zona específica i en un període de temps específic (cas de material de construcció a Heathrow i Estocolm).

• Avantatges i inconvenients

Entre els avantatges i inconvenients de la mesura, destaquen els assenyalats a la taula 10.

• Recomanacions

- Perquè un centre de consolidació urbana tingui èxit, és necessari conciliar els interessos de transportistes, comerciants i administració. Sense la col·laboració d'aquest tres agents, existeixen altes probabilitats que la iniciativa no pugui prosperar.
- L'experiència d'engegar un centre de consolidació urbana requereix una inversió inicial que ha de ser suficient per tal de poder-ne comprovar la viabilitat. Tot i que no es coneguin casos de centres que funcionin amb autofinançament, aquest ha de ser l'objectiu al qual s'ha d'aspirar.
- A l'hora de fer el balanç d'una experiència d'implantació d'un centre de consolidació urbana, a més de tenir en compte els costos i beneficis sobre la cadena de subministrament, cal considerar els beneficis derivats de les millores ambientals.

	Avantatges	*Inconvenients*
Transport	– Redueix tant el nombre de desplaçaments com la distància recorreguda i el temps destinat al transport. – Augmenta l'eficiència en la relació volum/pes dels vehicles. – Millora substancial dels espais destinats a càrrega i descàrrega.	– La creació d'un nou punt de lliurament pot impedir l'estalvi de transport en futures distribucions.

Altres activitats de la cadena de subministrament	– Ofereix la possibilitat de millorar el control de la cadena de subministrament per reduir costos i millorar el servei:
	  - Millora la gestió de magatzem (control de l'inventari).
	  - Facilita el control de la qualitat i quantitat del producte.
		– Pèrdua de la relació directa entre proveïdors i consumidors.
		– Dificultats d'organitzar operacions: requisits d'emmagatzematge i manipulació (productes variats).

Aspectes econòmics	– S'incrementa l'eficiència en el procés de subministrament, de manera que es redueix el cost per unitat del transport.	– Costos elevats per a la creació del CCU (elevat preu del sòl, equipaments nous, etc.).
Aspectes socials i ambientals	– Es redueix el nombre de vehicles de mercaderies que circulen per l'àrea urbana. – Possibilita la utilització de vehicles respectuosos amb el medi ambient (menys emissions i soroll, etc.) i el lliurament en franges horàries no convencionals.	– Possibilitat de l'aparició de monopolis.

Taula 10. Avantatges i inconvenients dels centres de consolidació urbana.

– No tots els productes són adequats perquè els gestioni un centre de consolidació urbana. Els productes peribles o sensibles al pas dels temps i els productes amb necessitats específiques de manipulació no són els més adequats per a aquest tipus d'instal·lacions.
– És important que els centres es trobin ubicats a les proximitats de la zona a la qual han de donar servei, sense estar-hi inserits, per evitar que els camions de gran tonatge hi hagin d'arribar.
– Cal tenir en compte, també, que com més gran sigui la distància entre el centre de consolidació i la zona de lliuraments, més gran serà el benefici ambiental, ja que en l'última milla es poden utilitzar vehicles més respectuosos amb el medi ambient.

CAS 27. CASOS EN QUÈ UN CENTRE DE CONSOLIDACIÓ URBANA ABASTEIX UN MUNICIPI: BRISTOL (REGNE UNIT)

Objectius	– Donar avantatges de consolidació a proveïdors i venedors, millorar la cadena de subministrament i oferir serveis de valor afegit. – Millorar la qualitat de vida de la societat, reduir la congestió, millorar la qualitat de l'aire i augmentar el reciclatge dels residus.
Descripció	L'experiència, duta a terme per l'ajuntament de Bristol en col·laboració amb l'empresa DHL, va ser finançada per la Unió Europea a través del projecte *Vivaldi* (Civitas). En l'experiència hi van estar involucrats cinquanta-un establiments de l'àrea comercial de Broadmed, des de grans magatzems del carrer principal fins a comerços independents de petita dimensió. Hi va estar especialment representat el sector de roba i concretament el de la moda. L'experiència va reunir les següents característiques: – En general, l'horari permès per als lliuraments era de 5 h. a 8 h. i de 18 h. a 20 h. – Els clients per al període de prova van ser els de mercaderies no peribles, de dimensió mitjana i d'elevat valor. – El centre de consolidació urbana estava situat a prop d'una xarxa de carreteres estratègica, disposava de 465 m², i el temps de desplaçament entre el centre i Broadmed era de vint-i-cinc minuts. – El repartiment es va realitzar amb dos vehicles de motor convencional Euro III, un de 7,5 t i un altre de 17 t. – El centre de consolidació urbana oferia serveis de valor afegit. – DHL ha realitzat proves amb un vehicle elèctric de 9 t. *Balanç de l'experiència* – El nombre de carretons que varen circular pel centre va passar de cent-un el maig de 2004 a quatre-cents-un el desembre de 2004. – Es va reduir un 68 % el desplaçament dels vehicles al centre de Bristol dels comerciants acollits al projecte. – A l'octubre de 2005 es van estalviar 42.772 km totals de vehicles. Aquesta xifra equival a l'estalvi de 5,29 t d'emissions de CO_2, 0,8 kg de NO i 11 kg d'emissions de PM10.
Més informació	BESTUFS (www.bestufs.net). Projecte *Start* (www.start-project.org).

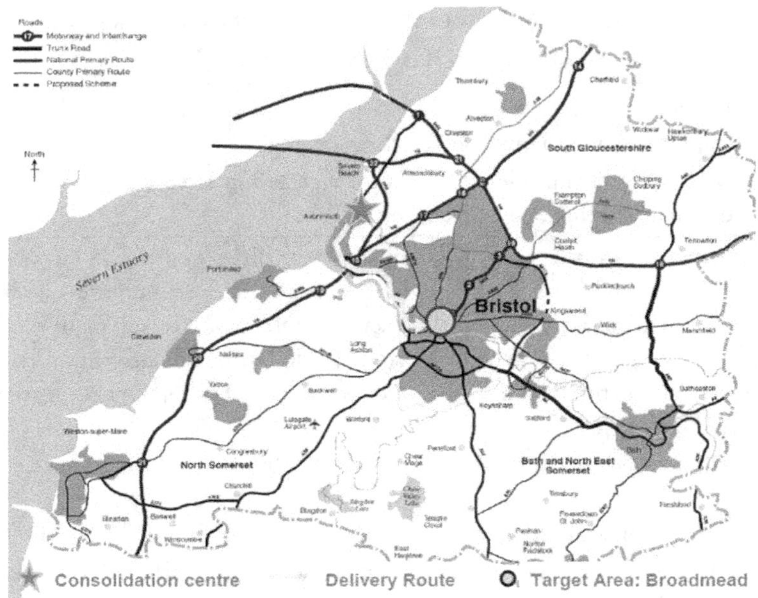

Figura 68. Esquema de funcionament del centre de consolidació urbana de Bristol.

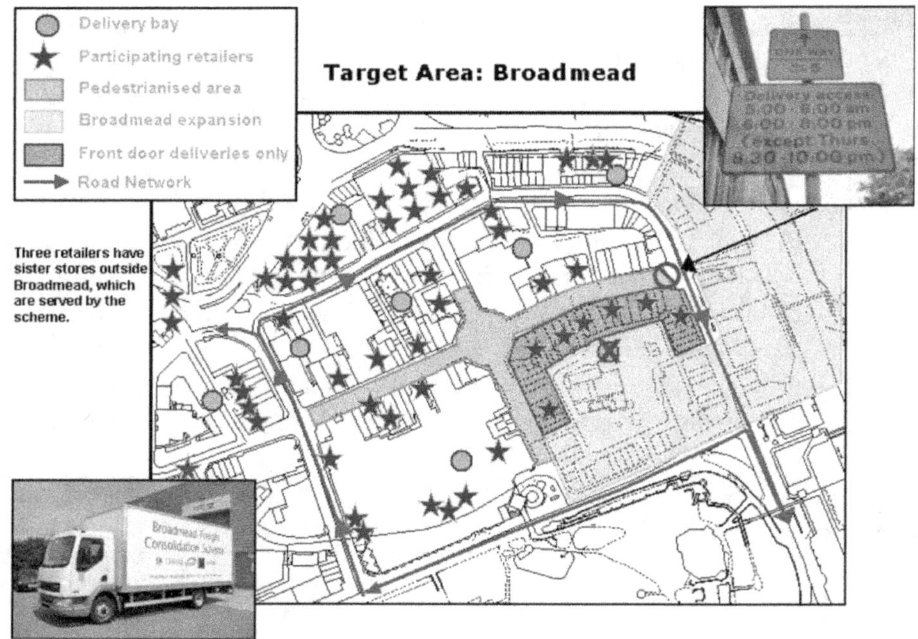

*Figura 69. Zona d'influència del centre de consolidació urbana de Bristol i ubicació
dels comerços participants.*

CAS 28. CASOS EN QUÈ UN CENTRE DE CONSOLIDACIÓ URBANA ABASTEIX UN MUNICIPI (LA ROCHELLE) (FRANÇA)

Objectius	– Facilitar la distribució i contribuir al desenvolupament econòmic del centre. – Potenciar l'ús de vehicles respectuosos amb el medi ambient. – Racionalitzar l'ús de la via pública per a tots els usuaris implicats. – Millorar la mobilitat (descongestionar) al centre de la ciutat.
Descripció	El projecte va ser impulsat i coordinat per la Communauté d'Agglomeration (CdA) de la Rochelle. Altres col·laboradors van ser: la Chambre de Commerce et d'Industrie (CCI) de la Rochelle, la societat de comerç de la Rochelle, transportistes i el Programme de Recherche et d'Innovation dans les Transports Terrestres (PREDIT). El projecte es va dividir en dues parts: una d'estudis teòrics (1999-2000) i una altra d'experimentació que es va iniciar al començament de l'any 2001. Les característiques de l'experiència van ser les següents: – L'experiència es va dur a terme al centre històric de la ciutat (1,5 km × 1,2 km), amb 1.300 comerços. – Plataforma urbana de càrrega i descàrrega mitjançant l'ús de vehicles elèctrics pels lliuraments al centre de la ciutat. – Ordenança de circulació: prohibia l'entrada a vehicles de >3,5 t al centre, tret de 6 h. a 7.30 h., una franja horària durant la qual podia circular qualsevol vehicle (2001). – Gestió de l'empresa privada Transports Genty, després d'un concurs públic. – L'ajuntament i la CDA van proveir el següent: un local per allotjar el centre de consolidació urbana, vehicles elèctrics de distribució (cinc *Berlingo* elèctrics, un *Berlingo* frigorífic, un vehicle de >3,5 t elèctric), ordinadors i el mobiliari d'oficina. – Finançament per subvenció pública. *Balanç de l'experiència* – La plataforma va distribuir al voltant de quatre-cents embalums per dia que van suposar entre deu i dotze paletes. Aquesta quantitat equival al 70 % dels lliuraments al nucli històric. La capacitat total va ser aproximadament de sis-cents embalums per dia. – S'oferien serveis com l'emmagatzematge o la selecció d'embalatge. No hi va haver política de duració de l'estoc màxim ja que hi havia espai suficient. – Es van crear nous serveis per aconseguir que el centre de consolidació urbana fos viable econòmicament: lliuraments a domicili (particulars i empreses), potenciació dels lliuraments per via fluvial, millora de les prestacions, etc.
Més informació	*Transport de marchandise en ville* (www.tmv.transports.equipement.gouv.fr).

CAS 29. CASOS EN QUÈ UN CENTRE DE CONSOLIDACIÓ URBANA ABASTEIX UN MUNICIPI (BORDEAUX) (FRANÇA)

Objectius	– Facilitar la feina dels transportistes. – Experimentar un nou model de servei per a la distribució al centre de la ciutat. – Reduir el flux de vehicles de lliurament al centre de la ciutat i disminuir les molèsties i la contaminació que aquests generen.
Descripció	El projecte va a ser impulsat per la Cambra de Comerç i Indústria de Bordeaux (CCIB), en col·laboració amb altres entitats com la Comunitat Urbana de Bordeaux (CUB), la Federació de Transportistes, l'Associació de Comerciants, etc. També varen treballar en el projecte gabinets d'estudis associats. El projecte es va dur a terme en dues fases: una d'estudis teòrics (2001-2002) i una d'experimentació que es va iniciar l'any 2003. Les característiques de l'experiència van ser les següents: – Els principals usuaris van ser les empreses de missatgeria i de càrrega exprés. Les enquestes a comerciants i transportistes van mostrar un alt grau de satisfacció. – Gestió del projecte experimental encarregada a l'associació de desenvolupament de serveis de l'Aquitaine, sota el control de la CCIB. – Finançament de l'Agència Francesa de la Gestió del Medi Ambient (Ademe), conjuntament amb el CCIB i el CUB. El volum de finançament va anar disminuint (90 % l'any 2003, 50 % l'any 2004 i 15 % l'any 2005). – Va ser necessari modificar algunes ordenances municipals. – Es va experimentar amb vehicles de transport urbà elèctrics. *Balanç de l'experiència* – Actualment, el servei el gestiona l'empresa anomenada La Petite Reine. Aquest tipus de servei es realitza a Bordeaux, Dijon, Paris i Rouen. – Balanç molt positiu globalment (a les quatre ciutats), l'any 2006 l'empresa va moure set-cents mil embalums, que equivalen a 210.000 km recorreguts. – L'empresa compta amb cinquanta-tres tricicles de càrrega i cinquanta empleats a França. – Increment de facturació notable en els darrers anys (l'any 2001 es van facturar 27.900 € i l'any 2007, 1.300.000 €). – Disminució de les molèsties ocasionades pels vehicles de lliurament i millora de condicions d'accés i de càrrega i descàrrega per als transportistes.
Més informació	*Transport de marchandise en ville* (www.tmv.transports.equipement.gouv.fr). La Petite Reine (http://lapetitereine.com).

CAS 30. CASOS EN QUÈ UN CENTRE DE CONSOLIDACIÓ URBANA ABASTEIX UN DISTRICTE (SANT ANDREU, BARCELONA)

Objectius	– Disminuir el trànsit de vehicles comercials mitjançant una plataforma urbana de distribució amb un procés de trencament de càrrega i modificació de la distribució capil·lar. – Augmentar la flexibilitat i el rendiment en les operacions dels distribuïdors. – Augmentar la zona de magatzem dels punts de venda. – Aconseguir una major flexibilitat en les operacions de reposició dels punts de venda, per tal de minimitzar l'efecte de la reposició sobre els clients dels establiments.
Descripció	Aquesta experiència va ser impulsada principalment pel districte de Sant Andreu, l'Eix Comercial de Sant Andreu, Fundació Barcelona Comerç i el sector de Seguretat i Mobilitat de l'Ajuntament de Barcelona. També hi van col·laborar l'empresa SABA i la iniciativa municipal Any del Comerç com a patrocinadors. Es va realitzar una prova pilot entre el març i el maig de 2007 amb les següents característiques: – En l'experiència van participar disset comerços locals i de cinc empreses de transport que els havien de proveir. – Es va encarregar la gestió de la microplataforma a l'empresa de missatgeria Trèvol. – Es va habilitar un local de 160 m² per a la plataforma que, sumat a tres vehicles elèctrics i una bicicleta, resultava una capacitat operativa de 45 m³/dia. – Es van crear cinc noves places de càrrega i descàrrega d'ús exclusiu per als vehicles de la prova. *Balanç de l'experiència* – Es van realitzar quaranta-sis lliuraments, el 80 % dels quals arribava al matí a la plataforma des d'on s'enviaven en menys de dues hores al destí final. – La valoració, tant de comerciants com de transportistes, va ser molt positiva, tot i que ambdós van reclamar la participació de més comerços i l'ampliació de l'àmbit d'actuació. – El nivell d'activitat experimentat va limitar les conclusions respecte les operacions i els sistemes logístics.
Més informació	Ajuntament de Barcelona (www.bcn.cat).

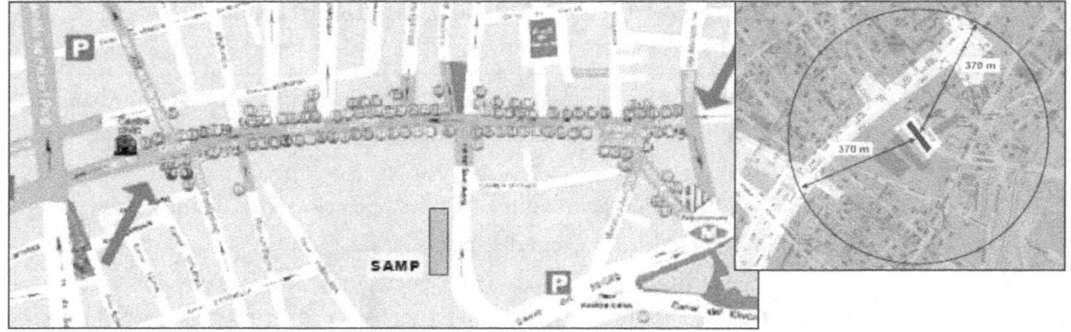

Figura 70. Establiments amb potencial de participar a la prova del barri de Sant Andreu (Barcelona) i radi d'acció del centre de consolidació urbana.

	Vehicle elèctric TRÈVOL (Aixam-Mega) — Capacitat de càrrega: Màx. volum, 3 m³. Màx. pes, 400 kg. — Autonomia: 45 km.
	Vehicle elèctric ADTS / Eco-Car (Bellier) — Capacitat de càrrega: 2,55 m³/100-400 kg. — Autonomia: 60 km.
	Vehicle elèctric AUTOS CONCHITA (Aixam-Mega) — Capacitat de càrrega: 3 m³/100-400 kg. — Autonomia: 45 km.

Figura 75. Descripció dels vehicles emprats per a l'experiència del centre de consolidació urbana del barri de Sant Andreu (Barcelona).

CAS 31. CASOS EN QUÈ UN CENTRE DE CONSOLIDACIÓ URBANA ABASTEIX UNA ÚNICA DESTINACIÓ: AEROPORT DE HEATHROW (REGNE UNIT)

Objectius	– Reduir el nombre de desplaçaments dins l'aeroport i disminuir-ne la congestió. – Aconseguir millores en la seguretat i contribuir a la millora mediambiental. – Reduir els costos de manipulació i millorar el repartiment a les unitats comercials i la gestió dels residus.
Descripció	L'experiència va començar a partir d'una col·laboració entre British Airports Authority i un proveïdor de serveis logístics (Exel). El funcionament de l'experiència va ser el següent: – El centre de consolidació urbana va proveir la majoria dels comerços de les quatre terminals de l'aeroport de Heathrow. L'experiència, que va iniciar-se l'any 2000, va incloure l'any 2001 les instal·lacions de refrigeració i congelació. – Tots els lliuraments (exceptuant la premsa i els articles de gran valor) es van fer en un centre de consolidació ubicat fora del perímetre aeroportuari. Els lliuraments passaven un control de seguretat i es classificaven en carretons segons la destinació. Els articles de poc valor, com els refrigeris, s'entregaven en paletes. – El servei incloïa el repartiment als locals individuals per un equip ubicat dins de cada terminal i la tornada dels embalatges i residus al dipòsit. – Magatzem de 2.320 m² (325 m² refrigerats) i 1.500 gàbies de seguretat. – Hi van col·laborar quaranta-quatre treballadors, entre operaris, personal administratiu i directius. – Va funcionar les 24 h. del dia els set dies de la setmana. – Hi va haver tres vehicles urbans articulats i tres vehicles rígids. *Balanç de l'experiència* És molt positiu pels següents motius: – L'any 2004 van arribar al centre de consolidació urbana vint mil vehicles, que van significar quaranta-cinc mil lliuraments als comerços, fets en cinc mil desplaçaments. – Dels dos-cents quaranta comerços de les terminals, cent-noranta van utilitzar el centre de consolidació urbana. – Es va reduir en un 70 % el nombre de viatges dels vehicles que transportaven productes i que passaven pel centre de consolidació urbana. – Es calcula que l'any 2004 es va estalviar recórrer 144.000 km. Això equival a reduir les emissions al voltant de 3.100 kg de CO_2 per setmana l'any 2004.
Més informació	BESTUFS (www.bestufs.net).

CAS 32. CASOS ESPECIALS DE CENTRE DE CONSOLIDACIÓ URBANA.
CAS DE DEDICACIÓ A LA CONSTRUCCIÓ: HAMMARBY (SUÈCIA)

Objectius	– Minimitzar l'impacte causat als residents pel desenvolupament urbanístic que hi ha en curs a Suècia (construcció de vuit mil apartaments en total). – Eliminar els vehicles de distribució no coordinats que fan desplaçaments per la zona buscant el seu punt de lliurament.

Descripció	El centre de consolidació urbana, que va iniciar la seva tasca l'any 2001, es preveu que continuarà fins al final del projecte d'edificació (2010).
	 L'experiència reuneix les següents característiques:
	
	 – Els lliuraments dels materials de construcció es realitzen a través del centre de consolidació urbana, on s'etiqueten i emmagatzemen en un curt període abans del lliurament «just a temps».
	 – El període d'emmagatzematge màxim ideal és de cinc dies.
	 – Els lliuraments es realitzen en «embalatges de treball», com requeria l'empresa constructora.
	 – Articles a granel, com el formigó i l'acer, no passen pel centre de consolidació urbana. El lliurament es coordina pel sistema de programació web i així s'evita que coincideixin diversos lliuraments.
	 – El centre de consolidació urbana és a l'entrada del lloc de construcció i consisteix en:
	   - Deu treballadors entre zona d'oficines i magatzem (8.000 m²).
	   - Vuit vehicles de mercaderies (Euro IV estàndard), que realitzen els repartiments a la zona de construcció.
	   -
	
	 Lloc web i sistema de supervisió
	 – La gestió està subcontractada a una empresa que assegura el funcionament del centre de consolidació urbana (adquisició i manteniment de la flota, contracte del personal, gestió de magatzem i oficina i sistema de supervisió en xarxa).
	
	 Balanç de l'experiència
	 És positiu ja que:
	
	 – Es calcula que cada camió que realitza un lliurament amb aquest sistema equival a quatre o cinc camions si no existís el centre.
	 – Es lliuren set-centes tones al dia, amb una mitjana de 1,5 t per lliurament.
	 – S'ha aconseguit reduir el consum d'energia i el volum de les emissions de manera significativa.

Més informació	BESTUFS (www.bestufs.net).

CAS 33. DISTRIBUCIÓ DE PRODUCTES DE CONSUM PER FERROCARRIL AL CENTRE DE PARÍS DES DELS MAGATZEMS D'UNA CADENA DE SUPERMERCATS (FRANÇA)

Objectius	La cadena francesa de supermercats Monoprix distribueix les seves mercaderies per ferrocarril a un total de vint-i-set dels seus centres de París. Tot i que l'empresa també distribueix per mode viari, la cadena té l'objectiu de reforçar els tràfics ferroviaris a causa de la congestió viària que pateixen els voltants i el centre de la capital de França.
Descripció	El primer tren de Monoprix va començar a circular el 25 de novembre de 2007. Inicialment, circulà un tren diari, format per sis vagons (vint-i-dos vagons diaris en 2008) fins a Bercy, des dels magatzems de Monoprix a Combs-la-Ville i Lieusaint, al departament de Seine-et-Marne, a les proximitats del límit de la regió de París. Es transportaven productes de la llar i de perfumeria. A Bercy, es descarregava el tren i la càrrega es transferia a una flota de catorze furgonetes. Els vehicles funcionaven amb gas natural i distribuïen la càrrega inicialment a vint-i-set centres Monoprix del centre de París. Ara l'objectiu és arribar als seixanta establiments. A set ciutats més de la regió de París i, en general, a altres ciutats afectades per la congestió estan estudiant seguir l'exemple de París. La gestió dels trens és a càrrec de SNCF Fret, i s'ha subcontractat l'empresa VFL1 per realitzar la classificació i descàrrega a Bercy. Les terminals urbanes només requereixen comptar amb suficient espai per permetre el transbordament directe des del vagó ferroviari al camió (les operacions més complexes han de realitzar-se en magatzems logístics fora de les ciutats). A més del sector de productes de consum, l'empresa operadora confia a atraure clients de la construcció i l'automoció. A una terminal de Batignolles es manipularan tràfics del sector de la construcció.
Més informació	*Via Libre (La revista del ferrocarril)* (www.vialibre-ffe.com).

6.3 *Optimització de lliuraments sense presència del destinatari*

• Descripció i objectius

En l'àmbit de lliurament final a particulars, tradicionalment s'ha optat per l'enviament a domicili. Aquest sistema obliga el client a ser present en el moment de rebre la mercaderia i genera costos inútils, ja que un percentatge elevat d'enviaments falla perquè no es troba el destinatari i s'ha de tornar a fer l'enviament. Per aquest motiu s'han anat desenvolupant diversos sistemes d'enviament que no requereixen la presència del client. Entre les solucions mes implantades podem diferenciar:

Sistemes d'enviament sense presència a domicili
Consisteix a equipar el domicili amb alguna infraestructura que permeti l'enviament sense la presència del client. Els més emprats són:

- *Bústies de recepció:* són bústies situades permanentment a l'exterior del domicili, a les quals el client té accés per mitjà d'una clau o un codi.
- *Bústies de lliurament:* són bústies de propietat de l'empresa d'enviaments, que es fixen temporalment en algun lloc segur del domicili del client.
- *Sistemes d'accés controlat:* és una àrea d'accés controlat; el conductor disposa d'un codi per poder accedir la zona i deixar-hi la mercaderia.

Sistemes d'enviament sense presència a altres ubicacions
Consisteix a establir un punt de lliurament fàcilment accessible per al client. Existeixen diverses solucions:

- *Punts de recollida:* els emplaçaments del punt de recollida es decideixen en funció de la proximitat d'oficines de correu, magatzems o estacions de servei i les preferències del client. Acostument a tenir horaris molt amplis.
- *Consignes:* estan formades per un conjunt d'estacions d'emmagatzematge de baixa capacitat i una rotació molt alta. En aquests espais es reben les mercaderies i el client hi pot accedir mitjançant un codi. Normalment, els clients no tenen assignada la seva pròpia consigna, fet que permet l'optimització de l'ús de cada taquilla.

• **Avantatges i inconvenients**

Entre els avantatges de la mesura, destaquen:

- Flexibilitza la cadena logística i n'augmenta l'eficiència i la fiabilitat.
- Minimitza els lliuraments fallits per absència de l'usuari, evita desplaçaments innecessaris i, per tant, redueix les emissions contaminants i d'efecte hivernacle.
- Es facilita la planificació de les rutes i recorreguts de repartiment, a causa del fet que els punts de lliuraments són fixos.
- Permet que el destinatari reculli la mercaderia a qualsevol hora del dia.

Entre els inconvenients de la mesura, destaquen:

- Es fa necessari invertir en infraestructures i tecnologia en el cas de les consignes automatitzades i en personal en el cas de les consignes manuals.
- Es perd el contacte directe amb el client.

- Es fa necessari que el client es desplaci per obtenir els productes. Aquest fet podria ocasionar un possible efecte local sobre el trànsit.
- En alguns col·lectius aquest sistema pot ser un obstacle ja que en lloc de rebre la mercaderia a casa s'han de desplaçar a un punt de recollida.

• Recomanacions

- Els punts de recollida i les consignes són especialment adequats per a embalums amb una dimensió petita-mitjana.
- Cal tenir en compte que, tot i que les consignes poden contribuir a fer més eficients els lliuraments de productes per part de les empreses de transports, poden originar un augment dels turismes que van a buscar els productes en els punts de recollida. És molt important, per tant, que les consignes s'ubiquin a zones ben connectades amb el transport públic.
- Aquest tipus d'actuació, com que implica un desplaçament del client al punt de recollida, té més probabilitat d'èxit en el cas de domicilis que en el cas de comerciants.
- Les consignes poden ser multiclient o monoclient, és a dir, poden concentrar lliuraments d'un o més operadors. Per tal d'obtenir un major radi d'acció de l'actuació és interessant pensar en el fet que més d'un operador pugui utilitzar l'emplaçament.
- Cal realitzar la inversió corresponent d'acord amb una predicció de demanda molt acurada.
- Cal aconseguir que el servei sigui ràpid, fiable, flexible i amb un preu just, per tal d'atreure el màxim de demanda potencial.

Figura 71. Imatge de la consigna de DHL (packstation).

CAS 34. *PACKSTATION* A ALEMANYA

Objectius	L'objectiu d'aquesta mesura és permetre als destinataris de paqueteria poder accedir o retornar els paquets, els set dies de la setmana, les 24 hores del dia. La *packstation* neix per optimitzar els lliuraments urbans i els processos d'última milla on es calcula que al voltant del 40 % dels lliuraments són fallits en el primer intent per l'absència del destinatari. Amb la *packstation* s'eviten viatges en va i, a més, es redueixen considerablement els quilòmetres recorreguts pels vehicles de distribució gràcies a una planificació més eficient.
Descripció	La iniciativa duta a terme per l'empresa de logística i transport DHL té les següents característiques: – És un sistema de lliurament del producte al client, on és el client qui fa el darrer trajecte. – El punt de lliurament és una consigna «electrònica» on el client pot anar a buscar el paquet en el moment que més li convingui. – Es proporciona a cada client una targeta amb PIN, una contrasenya d'internet i una mapa de la ciutat en CD-ROM amb la localització de totes les consignes. – El procediment consisteix a informar el client mitjançant un correu electrònic o SMS, de l'existència d'un paquet en una determinada consigna, que podrà anar a buscar en els propers nou dies naturals. – El volum dels paquets ha de ser com a màxim $60 \times 35 \times 35$ cm. *Balanç de l'experiència* Ha estat positiu. La mesura duta a terme a Alemanya ha tingut una bona acollida entre la població. Es calcula que a finals de 2006 hi havia al voltant de set-centes consignes en més de noranta ciutats del país.
Més informació	BESTUFS (www.bestufs.net). DHL (www.dhl.de).

Glossari

autoproveïment
Transport d'abastiment realitzat per la mateixa empresa propietària de l'establiment comercial.

autovenda/prevenda
L'autovenda és el sistema de relació comercial en el transport en què la venda queda inclosa en el mateix moment en què el client rep la mercaderia (distribuïdors, per exemple). En la prevenda, la comanda i la venda ja estan fetes quan es produeix el lliurament al client.

avantatge competitiu
Avantatge, és a dir, procés, patent, filosofia de gestió, sistema de distribució, etc., que un venedor té i que li permet controlar una quota de mercat o un marge de beneficis superior respecte un altre venedor que no té aquest avantatge.

B2C *(business to consumer)*
Transacció comercial feta amb mitjans electrònics *(e-commerce)* entre el sector comercial i el consumidor final.

B2B *(business to business)*
Transacció comercial entre empreses amb l'ús de mitjans electrònics *(e-commerce)*.

cash and carry
Gran superfície de distribució comercial per a detallistes.

CCU
Acrònim de «centre de consolidació urbana».

centre de control
En un sistema centralitzat de prioritat d'operacions, és el lloc on es determina la prioritat.

centre de distribució
Magatzem amb productes finals i/o articles de recanvi. *Centre de distribució* és sinònim de *magatzem regional,* tot i que actualment es fa servir més el primer terme. Un magatzem que aprovisiona un grup de magatzems satèl·lits normalment es coneix com a *centre de distribució regional.*

codi de barres
Sèrie de barres i espais alterns impresos o estampats en peces, contenidors, etiquetes o altres mitjans, amb informació codificada que pot ser interpretada per lectors electrònics. S'usa per fer més fàcil l'entrada de dades en un sistema de forma precisa.

comerç majorista
També conegut per *comerç a l'engròs,* és l'activitat de compravenda de mercaderies en la qual el comprador no és el consumidor final de la mercaderia. La compra, doncs, es realitza per vendre-la a un altre comerciant o a una empresa manufacturera que la utilitzarà com a matèria primera per fabricar una altra mercaderia o producte.

comerç minorista
També conegut com a *comerç detallista,* és el que es troba ubicat en la penúltima fase de la cadena de comercialització, que transfereix béns o presta serveis a consumidors finals ubicats a la darrera fase de la cadena esmentada. Les transferències només es referiran a productes acabats i no a matèries primeres.

concertació
Procediment pel qual els agents implicats en la distribució urbana de mercaderies es posen d'acord per assolir objectius comuns. Aquest procés pot referir-se, per exemple, a posar d'acord l'administració municipal i les empreses implicades en l'operativa.

consolidació/desconsolidació
Procés dins la cadena logística que es realitza en una plataforma i que consisteix a agrupar diversos enviaments per ser transportats a llarga distància, o bé a fragmentar la càrrega d'un camió gran de llarga distància en camions petits perquè la reparteixin en àrees específiques.

costos d'emmagatzematge
Subconjunt de costos del manteniment d'inventari que inclouen el cost de les instal·lacions del magatzem (gas, aigua, electricitat, etc.), del personal de manipulació, de materials i de seguretat, manteniment d'equips i d'edificis, etc.

cost de distribució
Tipus de costos associats amb el moviment i l'emmagatzematge de productes acabats. Poden incloure costos d'inventari, de transport i de procés de comandes.

distribució comercial organitzada
És el sector comercial (de demanda de serveis logístics) format per les grans empreses de distribució comercial detallista. Aquest tipus d'empreses concentren els productes de diversos fabricants en una plataforma i des d'allà preparen les comandes per proveir els seus propis establiments de distribució detallista.

distribució comercial tradicional
És el sector comercial (de demanda de serveis logístics) integrat pels establiments detallistes tradicionals, és a dir, petites empreses comercials de caràcter familiar que reben proveïdors o bé s'autoproveeixen en mercats centrals, majoristes o plataformes tipus *cash and carry.*

distribuïdor
Es tracta d'un operador logístic que adquireix (compra) un o diversos productes, els concentra a la seva plataforma i s'encarrega del repartiment i la venda als establiments comercials.

DUM
Acrònim de «distribució urbana de mercaderies».

economia d'escala
Fenomen relacionat amb la producció de grans volums i pel qual es redueix el cost unitari ja que els costos fixos es distribueixen sobre una quantitat més gran d'unitats.

embalatge *(packing)*
Activitat de consolidació de referències i embalatge en un enviament.

estacionalitat
Patró que es repeteix d'any en any amb alguns períodes considerablement majors que altres.

estoc *(stock)*
1. Articles en inventari.
2. Productes o recanvis emmagatzemats per a la venda.

estratègia de diversificació
Expansió de la línia de productes per explotar nous mercats. Un objectiu clau de l'estratègia de diversificació és repartir el risc de la companyia entre diverses línies de productes per compensar una davallada en el mercat.

fabricant
Productor que converteix un producte bàsic semiprocessat en una gran varietat de productes. Per exemple, un fabricant pot convertir acer en cargols i femelles de cargols, o pot convertir el paper en bosses i caixes.

horeco (horeca)
Sector comercial integrat pels establiments d'hosteleria, restauració i servei d'àpats.

ITS *(intelligent transport system)*
Tecnologies i telemàtica d'aplicació en el sector dels transports.

lineal
Espai d'un establiment comercial on s'exposen les referències (productes) de venda al públic.

logística inversa
Activitat logística lligada a les necessitats de transport que es produeixen després d'haver lliurat les comandes, recollit els embalatges, les devolucions, etcètera.

marxandatge *(merchandising)*
Activitats complementàries a la venda d'un producte, com la promoció, la col·locació en el lineal, etc.

operador logístic
Operador de transports que ofereix un servei logístic integral als fabricants (emmagatzematge i distribució).

optimització
Aconseguir la millor solució possible a un problema a través d'un algoritme específic.

PEC
Acrònim de «paqueteria, *express* i *courier*». Grup d'operadors de transport integrat especialitzat en enviaments de paqueteria i missatgeria.

preparació de comandes *(picking)*
Activitat de recollida de diverses referències per preparar una comanda que es pot realitzar en un magatzem o bé en el lineal d'un establiment comercial.

prestatgeria
Mitjà d'emmagatzematge per al material paletitzat. Una prestatgeria de paletització permet l'emmagatzematge de palets en seccions verticals, amb un o més palets per columna. Algunes prestatgeries poden emmagatzemar més d'un palet en profunditat.

punt de comanda
Nivell d'inventari fixat mitjançant el qual es llança una ordre de reaprovisionament quan l'estoc total disponible físicament més el pendent de rebre baixa fins a aquest nivell o per sota. El punt de comanda es calcula normalment sumant el consum previst durant el termini de reaprovisionament i l'estoc de seguretat.

recepció
Funció que comprèn la recepció física del material, la inspecció per comprovar la conformitat amb allò pactat a la compra (quantitat i desperfectes), la identificació i enviament a la seva destinació i la preparació dels informes de recepció.

referència
Unitat de producte amb entitat per a la seva gestió diferenciada de la resta dins d'una plataforma o d'un lineal de venda.

rotació d'inventari
Nombre de cops que un inventari roda durant l'any. Un mètode molt utilitzat per calcular la rotació de l'inventari consisteix a dividir el cost anual de les vendes entre el nivell mitjà d'inventari.

sensors
Aparells que poden mostrar i ajustar diferències en les condicions per controlar un determinat equipament de forma dinàmica.

simulació
Tècnica que utilitza dades reals o fictícies per reproduir en un model diverses condicions que probablement es presenten en el comportament real del sistema. S'utilitza freqüentment per provar el comportament d'un sistema sota diferents factors d'operació.

SIG
Acrònim de «sistema d'informació geogràfica». És una integració organitzada de *hardware, software* i dades geogràfiques dissenyat per capturar, emmagatzemar, manipular, analitzar i desplegar en totes les seves formes la informació geogràficament referenciada amb l'objectiu de resoldre problemes complexos de planificació i gestió.

termini de lliurament
En un context logístic, el temps entre el reconeixement de la necessitat d'una comanda i la recepció dels béns. Els components individuals del termini poden incloure el temps de preparació de la comanda, el temps de cua, el temps de moviment o transport, i el de recepció i inspecció.

transport intermodal
1. Enviaments que es mouen per diferents modes de transport i combinen les millors característiques de cada cada un d'ells.
2. Ús de dos o més tipus de transport en el moviment d'un enviament.

transportista contractat
Transportista que no serveix al públic general, sinó que és contractat per un o més carregadors mitjançant un contracte específic.

valor afegit
En comptabilitat, l'addició de mà d'obra directa, materials directes i costos estructurals imputats en una operació. És l'agregació de costos d'una peça a mesura que va passant a través del procés de fabricació fins a arribar a producte final.

vehicles «nets»
Vehicles que per les seves característiques tècniques no contaminen o bé tenen uns índexs de contaminació inferiors a la mitjana dels vehicles de la mateixa classe.

vehicles de biocombustibles
Vehicles que funcionen amb qualsevol tipus de combustible que s'obtingui a partir de la biomassa. Els biocombustibles més desenvolupats són:

- **el bioetanol,** també anomenat *etanol de biomassa,* s'obté a partir del blat, de la canya de sucre o la remolatxa;
- **el biodièsel,** es fabrica a partir d'olis vegetals reciclats o nous. Els vegetals més usats per a la seva producció són la colza, la soja i algunes algues marines que es cultiven expressament per a aquest propòsit.

vehicles de gas natural
Vehicles que funcionen amb aquest hidrocarbur gasós que s'obté del gas natural. Està compost bàsicament de gas metà i és el combustible fòssil que conté menys carboni.

vehicles d'hidrogen
La utilització de l'hidrogen com a combustible és relativament jove. Les proves realitzades són tècnicament satisfactòries ja que els vehicles funcionen correctament; no obstant, no s'esperen resultats fiables fins l'any 2010.

vehicles de tecnologia convencional en compliment de directives Euro III, Euro IV i Euro V
Es tracta de directives encarades a disminuir les emissions de NO_2 i partícules en suspensió dels vehicles a motor. Cada nova directiva Euro té una data d'aplicació concreta i uns requisits de compliment més exigents en termes d'emissions.

vehicles elèctrics i/o híbrids
En general, els vehicles elèctrics fan un ús més eficient de l'energia i, per tant, contaminen menys que els combustibles tradicionals, sempre i quan la càrrega de les bateries es realitzi amb energies renovables com l'eòlica o la solar.

vehicles innocus per al medi ambient
Bicicletes o tricicles amb propulsió mecànica. Aquests vehicles són utilitzats pels missatgers d'àmbits urbans reduïts.

VMS (variable message system)
Sistema de senyalització variable que permet una gestió centralitzada i en temps real.

xarxa
Interconnexió d'ordinadors, terminals i canals de comunicació per facilitar la compartició de fitxers i perifèrics i la comunicació efectiva de les dades.

Bibliografia, legislació i planificació, llocs web

BIBLIOGRAFIA

Catalunya serà logística o no serà, Institut d'Economia i Empresa i Ignasi Villalonga, Col·lecció Euram, Tres i Quatre SL.

Commission 4; Urban Mobility Management, Ajuntament de Barcelona, Metròpolis, 2005.

Conseil en mobilité: une nouvelle mission, un nouveuau métier, Certu. Direction des transports terrestres, Ministère de l'Equipement, des Transports, du Logement, du Tourisme et de la Mer, Centre d'études sur les réseaux, les transports, l'urbanisme et les constructions publiques, 2003.

E-commerce and urban freight distribution, Bestufs. Best urban freight solutions Consortium. Best Practice Handbook Year 2 (home shopping), 2001.

Estudi metodològic i desenvolupament de projectes sobre propostes de millora de la distribució urbana i de les operacions de càrrega i descàrrega per a distribució de mercaderies a Barcelona, Prointec, Ajuntament de Barcelona, 1997.

Estudio de carga y descarga de mercancías en Madrid, CIETE, S. A., Ayuntamiento de Madrid, 1999.

European survey on transport and delivery of goods in urban areas, Ruesch, Martin et Glücker, Claudia, 2001.

Glossari de termes logístics, CIDEM (Centre d'Innovació i Desenvolupament Empresarial), Generalitat de Catalunya (Departament de Treball, Indústria, Comerç i Turisme), 2003.

Guía de buenas prácticas sobre el transporte urbano de mercancías, Bestufs. Best urban freight solutions, 2006.

Guia per a l'elaboració de plans de mobilitat als polígons industrials, Cenit. Centre d'innovació del transport (UPC), Generalitat de Catalunya, Departament de Política Territorial i Obres Públiques, Pacte Industrial de la Regió Metropolitana de Barcelona, Beta Editorial, 2007.

Guia per a les actuacions de revitalització en centres històrics i eixos comercials urbans, Lluís Alegre, Generalitat de Catalunya (Departament d'Indústria, Comerç i Turisme), 2000.

Guide d'action. Mieux gérer les marchandises en ville, GART, ACFCI, AUTF, FNTR, 2000.

L'intégration des marchandises dans le système des déplacements urbains, Cartier, Jacques, Laboratoire d'Economie des Transports, Montreal, 2002.

La plataforma logística a Catalunya. Mirada al present, visió de futur, Centre Logístic de Catalunya, Barcelona, 2007.

Le transport de marchandises en ville, une gestion

publique entre police et services, Laetitia Dablanc, Editions Liaisons, París, 1998.

Libro blanco de los operadores logísticos en España, Transporte XXI, Bilbao, 2006.

Libro blanco del transporte de mercancías en España, Transporte XXI, Bilbao, 2006.

Llibre blanc sobre la concentració empresarial en el sector de la distribució comercial a Catalunya, Generalitat de Catalunya. Departament de Comerç, Turisme i Consum, Sector quotidià, 2003.

L'optimisation de la circulation des biens et services en ville, Boudouin, Daniel et Morel, Christian, La documentation Française, París, 2002.

Los transportes y los servicios postales, informe anual del Ministerio de Fomento, 2006.

Observatorio de la Movilidad Metropolitana, Ministerio de Medio Ambiente, Ministerio de Fomento, Centro de Investigación del Transporte, Universidad Politénica de Madrid, 2007.

Operadores logísticos. Claves y perspectivas de los servicios de los operadores logísticos, Andrés Mira, Marge Books, Barcelona, 2006.

Plans de déplacements urbains et marchandises en ville. Réflexions à destination des élus, ADEME/CERTU, Lió, 2001.

Plans de déplacements urbains, prise en compte des marchandises. ADEME/CERTU. Guide méthodologique, Lió, 1998.

Projecte URBIS, Institut Cerdà, Barcelona, 2003.

Réaliser un plan de déplacements entreprise. Agence de l'Environnement de la Maîtrise de l'Energie (ADEME). Guide à destination des chefs de projet, París, 2004.

Recomendaciones para el proyecto y diseño del viario urbano, Ministerio de Fomento, Madrid, 1995.

Recomendaciones sobre la colaboración y el transporte urbano de mercancías eficiente, Aecoc. Recomendaciones Aecoc para la logística (RAL), Barcelona, 2002.

Road pricing and urban freight transport, Bestufs. Best urban freight solutions Consortium. Best Practice Handbook Year 3, 2002.

Statistical data, data acquisition and data analysis regarding urban freight transport. City access, parking regulations and access time regulations and enforcement suppor, Bestufs Consortium, Best Practice Handbook Year 1, 2001.

Transport de marchandises en ville: acquis des grandes enquêtes françaises, études et recherches, Laboratoire d'Economie des Transports, París, 2000.

Urban Goods Transport. Final Report of the Action, COST 321, European Commission. Directorate General Transport. Brusel·les, 1998.

LEGISLACIÓ I PLANIFICACIÓ

Decret 344/2006, del 19 de setembre, de regulació dels estudis d'avaluació de la mobilitat generada, Departament de Política Territorial i Obres Públiques, Generalitat de Catalunya.

Directrius nacionals de la mobilitat de Catalunya, Departament de Política Territorial i Obres Públiques. Generalitat de Catalunya, 2006.

Llei 18/2005, del 27 de desembre, d'Equipaments comercials, Generalitat de Catalunya.

Llei 9/2003, del 13 de juny, de la Mobilitat. Generalitat de Catalunya.

Ordenança municipal «tipus» reguladora del soroll i les vibracions, Departament de Medi Ambient, Generalitat de Catalunya, 1995.

Ordenança municipal de circulació de vianants i vehicles. Darrera modificació publicada al BOP 300, Ajuntament de Barcelona, 16-12-2006.

Ordenança municipal de previsió d'espais per a càrrega i descàrrega, BOP 64, Ajuntament de Barcelona, 16-3-1999.

Pla director de mobilitat de la regió metropolitana de Barcelona, Autoritat del Transport Metropolità, 2007.

Pla territorial sectorial d'equipaments comercials, Departament d'Innovació, Universitats i Empresa, Generalitat de Catalunya, 2006-2009.

LLOCS WEB

Institucions

Ajuntament de Barcelona
www.bcn.cat

Ajuntament de Bremen
www.umwelt.bremen.de

Ajuntament de Norwich
www.norwich.gov.uk

Ajuntament de Nova York
www.nyc.gov

Ajuntament de Torí
www.comune.torino.it

Ajuntament de Venècia
www.comune.venezia.it

Asssemblée des Chambres Françaices de Commerce et d'Industrie
www.acfci.cci.fr

Associació Mundial de les Grans Metropolis
www.metropolis.org

Association des Utilisateurs de Transport de Fret
www.autf.fr

Carfree Cities
www.carfree.com

Centre d'Études sur les Réseaux, les Transports, l'Urbanisme et les constructions publiques
www.certu.fr

Community Research and Development Information Service
www.cordis.lu/cost-transport

Congestion Charge. Transport for London
http://cclondon.tfl.gov.uk

Decision Support System for Integrated Door-to-Door Delivery: Planning and Control in Logistic Chains
www.idsia.ch/mosca

Department for Transport
www.dft.gov.uk

Direcció General d'Energia i Transports de la UE
http://europa.eu.int/comm/dgs/energy_transport/index.html

DVV Media Group
www.etp.net

European Cities and Regions Networking for Innovative Transport Solutions
www.polis-online.org

European Local Transport Information Service
www.eltis.org

Fédération Nationale des Transports Routiers
www.fntr.fr

Generalitat de Catalunya
www.gencat.cat

Govern de Queensland
www.transport.qld.gov.au/freight

Groupement des Autorités Responsables de Transports Publics
www.gart.org

Instituto Nacional de Estadística
www.ine.es

Intelligent Transport Systems
www.directorioits.com

Intelligent Transportation Systems. US Department of Transportation
www.its.dot.gov

Japanese Ministry of Land, Infrastructure, Transport &Tourism
www.mlit.go.jp/road/ITS/

New York City Real Time Traffic Cameras. Ajuntament de Nova York
www.nyctmc.org

Transports de Marchandises en Ville
www.transports-marchandises-en-ville.org

Transport Research Group. Aalborg University
www.i4.auc.dk/trg/trg_uk.htm

Transport Studies Group. University of Westminster
www.westminster.ac.uk/transport/projects/u-d summ.htm

Urban Traffic Management and Control. Transport for London
www.utmc.gov.uk

Vehicle Information and Communication System
www.vics.or.jp

Projectes europeus

Electric Vehicle City Distribution Systems
    www.elcidis.org
Electric Vehicle Delivery Post
    www.citelec.org/evdpost/
Programme Recherche et d'Innovation dans les Transports Terrestres
    www.predit.prd.fr
Best Urban Freight Solutions
    www.bestufs.net

CIty VITAlity Sustainability
    www.civitas-initiative.org/civitas/index.htm
Projecte Miracles
    www.civitas-initiative.org
Projecte VIVALDI
    www.civitas-initiative.org
Short Term Actions to Reorganize Transport of Goods
    www.start-project.org

Libros de apoyo para los procesos logísticos.

Diccionario de logística
David Soler García
Más de 3.000 acepciones, conceptos y expresiones relacionados con la logística y la cadena de suministro.
327 págs; 14,5 x 21 cm. ISBN 978-84-92442-03-4. PVP 39 €.

Capacitación profesional para el transporte de mercancías por carretera (hasta 3.500 kg MMA)
José Manuel Ruiz Rodríguez
Un manual para conseguir el certificado de capacitación profesional autonómica de transportista de mercancías.
226 págs; 17 x 24 cm. ISBN 978-84-86684-99-0. PVP 27 €.

Capacitación profesional para el transporte de mercancías por carretera
José Manuel Ruiz Rodríguez
Un manual para conseguir el certificado de capacitación profesional de transportista de mercancías, nacional e internacional.
360 págs; 17 x 24 cm. ISBN 978-84-86684-76-1. PVP 29 €.

El transporte en contenedor
Ricard Marí, Jaime Rodrigo de Larrucea y Álvaro Librán
Un sistema de transporte que reduce las distancias y aporta valor a las operaciones logísticas y las transacciones comerciales.
272 págs; 17 x 24 cm. ISBN 978-84-86684-76-1. PVP 28,08 €.

Logística hospitalaria
Borja Ozores
Claves y tendencias de las operaciones logísticas en el sector hospitalario: calidad en la atención sanitaria y reducción de costes.
136 págs; 17 x 24 cm. ISBN 978-84-86684-75-4. PVP 20,80 €.

Transporte por carretera
José Manuel Ruiz
Un manual con todos los conocimientos que necesita el profesional del transporte por carretera.
224 págs.; 17 x 24 cm. ISBN 84-86684-62-5. PVP 25 €.

Almacenamiento de materiales
Mariano Pérez
Como diseñar y gestionar almacenes optimizando todos los recursos de los procesos logísticos.
320 págs.; 17 x 24 cm. ISBN 84-86684-59-5. PVP 27 €.

Operadores logísticos
Andrés Mira
Claves y perspectivas de los servicios de los operadores logísticos.
160 págs.; 17 x 24 cm; tapa dura; a color. ISBN 84-86684-56-0. PVP 24 €.

Inglés náutico normalizado
José Manuel Díaz Pérez
Práctico manual que presenta el vocabulario normalizado de navegación, así como las frases normalizadas para las comunicaciones marítimas establecidas por la OMI.
160 págs.; 17 x 24 cm; tapa dura; a color. ISBN 84-86684-32-3. PVP 24 €.

La seguridad en los puertos
Ricard Marí, Jaime Rodrigo de Larrucea y Álvaro Librán
Cómo implantar planes de seguridad y protección en instalaciones portuarias y buques según el código de la Organización Marítima Internacional.
288 págs.; 17 x 24 cm. ISBN 84-86684-28-5. PVP 31 €.

Calidad total y logística (2.ª edición)
José Presencia
Cómo alcanzar procesos logísticos eficientes mediante la gestión de la calidad total.
160 págs.; 17 x 24 cm. ISBN 84-86684-24-2. PVP 20 €.

Logística del automóvil
Federico Sabrià
Claves operativas y estrategias de producción de los fabricantes de automóviles.
128 págs.; 17 x 24 cm. ISBN 84-86684-26-9. PVP 16 €.

Transporte marítimo
Rosa Romero
Todos los conceptos y procesos para la gestión del principal modo de transporte en el comercio internacional.
192 págs.; 17 x 24 cm. ISBN 84-86684-15-3. PVP 24 €.

Gestión del transporte
Jaime Mira
Introducción a la gestión de la cadena de transporte.
160 págs; 21 x 29,7 cm. ISBN 84-86684-12-9. PVP 23 €.

Subcontratación de servicios logísticos
Josep A. Aguilar
Cómo desarrollar una operación de *outsourcing* en la gestión logística integral.
144 págs.; 21 x 29,7 cm. ISBN 84-86684-13-7. PVP 19 €.

Transporte internacional
Josep Baena
Manual didáctico con los principales conceptos y elementos del transporte internacional su vinculación con el comercio exterior.
64 págs.; 17 x 24 cm; a color. ISBN 84-86684-17-X. PVP 16 €.

Logística e intermodalidad
Luis Montero
Manual didáctico con los conceptos básicos de la logística y la intermodalidad en el transporte de mercancías.
64 págs.; 17 x 24 cm; a color. ISBN 84-86684-18-8. PVP 16 €.

e-logistics (II)
Miguel Ángel Pesquera
Los fundamentos del comercio electrónico en la gestión de las cadenas logísticas.
160 págs.; 21 x 29,7 cm. ISBN 84-86684-09-9. PVP 20 €.

e-logistics (I)
Ángel Ibeas
Las claves de la gestión del transporte para alcanzar un alto servicio con el menor coste y la mayor competitividad.
144 págs.; 21 x 29,7 cm. ISBN 84-86684-06-5. PVP 19 €.

València, 558, ático 2.º — 08026 Barcelona — Tel. +34-932 449 130 — Fax +34-932 310 865 — www.marge.es